미국대학 입시,
어디서부터 어떻게?

'지원부터 장학금까지, 실전 컨설턴트의 유학 전략 노트'

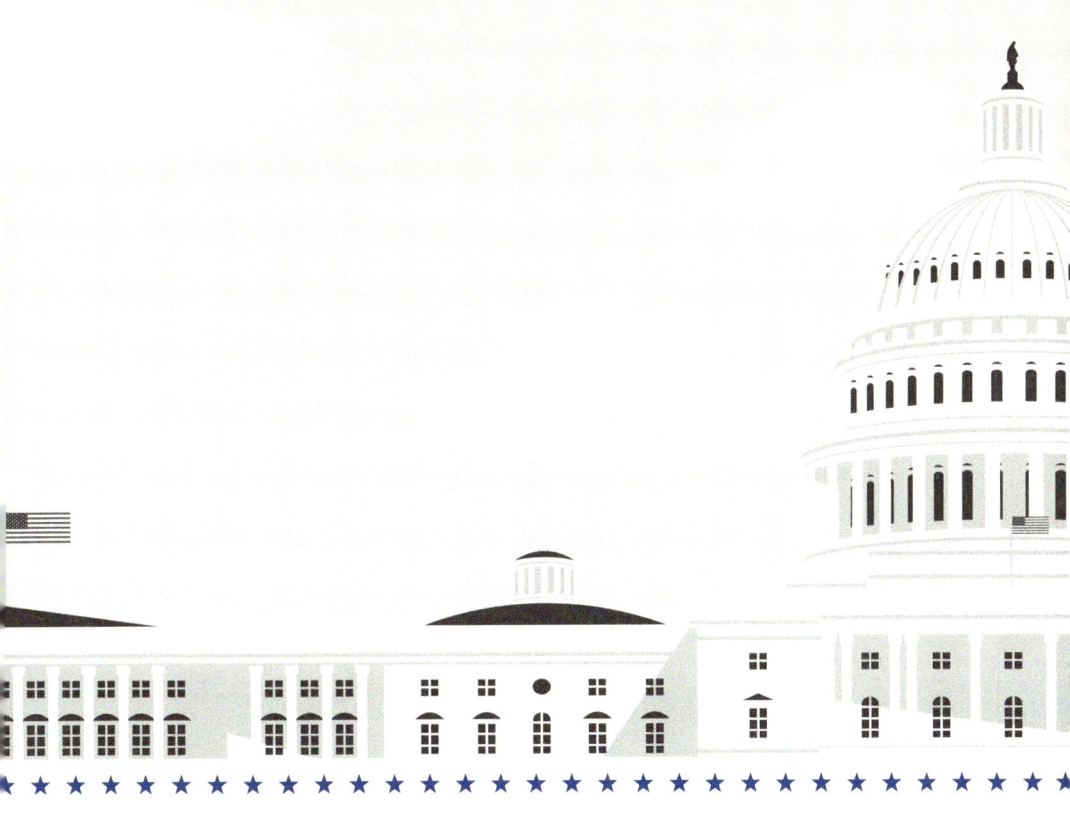

미국대학 입시,
어디서부터 어떻게?

'지원부터 장학금까지, 실전 컨설턴트의 유학 전략 노트'

윤혜진 지음

머리글

필자는 이제 60세를 넘어서면서 인생의 후반기에 접어들었다. 미국에서 자녀를 키우다 한국으로 온 지도 어느덧 14년이 되어가고 있다. 그 이후로 줄곧 나는 미국대학 지원, 장학금 컨설팅을 하고 있다.

그동안 많은 학생들을 미국대학에 진학시키고 장학금을 받아주는 일은 참으로 나에게 무엇보다도 보람 있는 일 이였음을 고백한다. 필자는 석사 학위도 박사 학위도 없는 학사 출신이지만, 컨설팅을 지금까지 해오면서 많은 경험과 결과로 누구 못지 않은 유학에 관한 지식과 정보를 가지고 있고 노하우도 가지고 있다고 자부한다.

또한 미국대학 입학과 재정 보조 컨설팅을 함께 할 수 있는 몇 안되는 미국 대학 교육 컨설팅 전문가라는 것에도 자부심을 갖고 있다.

내가 이 책을 출판하기로 마음먹은 이유는 학생들이 컨설팅을 받을 수 없는 환경이라도 유학의 길을 선택할 때 올바른 선택, 성공적인 유학으로 행복한 미래를 살아가기를 바라는 맘으로 짧은 소견이지만 최선을 다해 유용하고 실질적인 정보를 제공하고자 노력하였다.

물론 인터넷에 많은 정보들이 나와 있지만, 그것들을 학생들, 학부모들이 보기 쉽게 잘 정리하고 나의 경험 상 알게 된 다른 곳에서 얻지 못하는 정보도 잘 정리해 필요한 독자들에게 도움이 되고 싶었다.

최선을 다해서 쉽고, 지루하지 않으며 많은 사람들이 이해하는데 어려움이 없도록 정보제공에 힘써 보겠다.

이 책에는 미국대학 원서 지원시에 필요한 유익한 정보와 장학금을 받기 위한 여러가지 방법과 정보가 주요 내용으로 작성되었고, 외국에서 공부하는 한국 국적의 학생들에게 유익한 한국 재외국민 수시에 관련된 내용도 추가로 조금 담았다.

다소 부족한 부분이 있더라도 여러분의 넓은 아량으로 품어 주시고, 부디 미국대학 진학과 장학금에 대한 정보 그리고 한국 재외국민 수시에 관한 좋은 지침서가 되기를 소망해 본다.

이 책을 낼 수 있도록 나를 지지해 주고 나의 곁에서 항상 많은 도움을 주는 나의 동료 존경하는 김은혜 원장님, 이승희 원장님, 늘 응원을 아끼지 않는 사랑하는 나의 가족, 나의 재능을 알아봐 주고 용기를 낼 수 있도록 애정 어린 충고와 격려를 해 준 나의 소중한 벗, 이 밖에 나를 사랑으로 이끌어 주시고 용기를 주신 하느님과 모든 사랑하는 분들의 격려에 지면으로 감사함을 전하며….

2025년 6월 3일
스카이비 교육컨설팅 대표
Angela Yoon (윤혜진)

차 례

머리글　04

Chapter 01 — 미국대학 지원과 합격 전략

Ⅰ. 미국대학 어떤 대학이 있나?　11
Ⅱ. 미국대학의 다양한 전공　40
Ⅲ. 자기에게 맞는 전공, 어떻게 찾아야 할까?　73
Ⅳ. 미국 대학 지원 준비과정 알아보기　90
Ⅴ. 미국대학 원서 에세이 작성의 tip　106
Ⅵ. 미국대학 지원에 유리한 활동은?　111
Ⅶ. 아이비리그 대학, 명문 대학 합격생 스펙　119
Ⅷ. 부록　123

Chapter 02 — 미국대학 장학금 정복하기

Ⅰ. 미국대학 장학금의 종류　132
Ⅱ. Merit scholarship　136
Ⅲ. 미국대학 scholarship 많은 학교들　154
Ⅳ. Need-based scholarship　160
Ⅴ. 미국 대학별 장학금 정책　170
Ⅵ. Need-blind financial aid의 3가지 Type　175
Ⅶ. 미국대학 장학금 실제 예　181
Ⅷ. 국제학생에게도 Need-blind 인 미국 대학　183
Ⅸ. 부록　187

Chapter 03

한국 대학 재외국민 수시 알아보기

Ⅰ. 재외국민 특별전형 개요 및 3년/12년 특례 비교　　193
Ⅱ. 주요 대학별 3년/12년 특례 전형 분석　　196
Ⅲ. 재외국민 전형 FAQ 및 합격 전략　　199
Ⅳ. 실제 합격 사례　　202
Ⅴ. 부록　　205

Chapter 1

미국대학 지원과 합격 전략

I. 미국대학 어떤 대학이 있나?

미국에는 2023년 기준으로 무려 약 6,000개의 대학이 있다고 한다. 그 대학들은 크게 세가지 대학으로 분리해 보자.

미국대학은 크게 구분하면 사립 대학에는 이익을 추구하지는 않는 non-profit 대학, 이익을 추구하기 위해 설립된 profit 대학, 주정부의 보조를 받아 운영되고 있는 공립 대학 등으로 나눌 수 있다

그렇다면 이런 대학들이 어떤 특징이 있으며, 어떤 대학들이 여기에 속하는지 구체적으로 알아보는 것은 미국대학의 전체적인 분류의 틀을 알 수 있고, 여러분이 미국 대학에 지원 시에 본인에게 맞는 적당한 대학을 선택하는데 도움이 될 것이라고 생각한다.

1. Public college(공립대학)

공립 대학은 약 1,892개가 있으며, 4년제와 2년제 대학을 포함하고 있다.

여기에는 많은 주립 공립대학과 State 대학이 포함되어 있으며, 이 공립 대학들의 특징 중 하나는 학비가 사립 대학에 비해서 저렴하며 비교적 대학의 규모가 크다는 것이다.

또한 이 대학들을 운영하기 위한 기금, 즉 Fund를 주 정부가 제공하게 된다.

주정부의 도움을 받는 대학이니 당연히 대학교의 교육적인 과정-

curriculum을 주정부가 정하게 되며, 반면 스포츠 활동 등은 주정부의 많은 networks을 이용하여 활동을 확장하여 제공할 수 있는 장점이 있으며, 또한 주정부의 감독을 많이 받는 것도 공립대학의 특징이라고 할 수 있다.

공립대학의 특징과 대표적인 대학을 정리해 보면 아래와 같다.

공립대학(Public Colleges) 특징 요약과 대표적인 대학리스트

- 총 개수: 약 1,892개(4년제 및 2년제 포함)
- 운영 주체: 주(州)정부
- 주요 특징
    - 낮은 학비: 사립대학보다 등록금이 저렴
    - 대규모 캠퍼스: 학생 수·시설 규모가 큰 편
    - 주정부 지원: 운영 기금(Fund)을 주정부가 제공
    - 교육과정: 커리큘럼을 주정부가 제정
    - 네트워크·감독: 스포츠 등 활동에 주정부 네트워크 활용, 감독이 비교적 강함

University of California System(8개)

- UC Berkeley(Berkeley, CA)
- UC Los Angeles(Los Angeles, CA)
- UC San Diego(San Diego, CA)
- UC Davis(Davis, CA)
- UC Irvine(Irvine, CA)
- UC Santa Barbara(Santa Barbara, CA)
- UC Santa Cruz(Santa Cruz, CA)

- UC Riverside(Riverside, CA)
- California State University System(3개)
- CSU Long Beach(Long Beach, CA)
- CSU Fullerton(Fullerton, CA)
- CSU Northridge(Los Angeles, CA)
- State University of New York(SUNY, 3개)
- Binghamton University(Binghamton, NY)
- University at Buffalo(North Campus, Getzville, NY)
- Stony Brook University(Stony Brook, NY)

Big Ten 주요 공립대학(9개)

- University of Michigan(Ann Arbor, MI)
- University of Illinois Urbana - Champaign(Champaign, IL)
- Purdue University(West Lafayette, IN)
- University of Wisconsin-Madison(Madison, WI)
- University of Minnesota(Minneapolis, MN)
- The Ohio State University(Columbus, OH)
- Michigan State University(East Lansing, MI)
- University of Illinois Chicago(Chicago, IL)
- Iowa State University(Ames, IA)

지역별 기타 주요 공립대학

- 텍사스
    - The University of Texas at Austin(Austin, TX)
    - Texas A&M University(College Station, TX)

- 플로리다
    - University of Florida(Gainesville, FL)
    - Florida State University(Tallahassee, FL)

- 버지니아·노스캐롤라이나
    - University of Virginia(Charlottesville, VA)
    - William & Mary(Williamsburg, VA)
    - University of North Carolina at Chapel Hill(Chapel Hill, NC)

- 조지아
    - University of Georgia(Athens, GA)
    - Georgia Institute of Technology(Atlanta, GA)

- 워싱턴
    - University of Washington(Seattle, WA)
    - Washington State University(Pullman, WA)

- 그 외 주별 주요 대학

    - University of Arizona(Tucson, AZ)
    - University of Colorado Boulder(Boulder, CO)
    - University of Pittsburgh(Pittsburgh, PA)
    - University of South Carolina(Columbia, SC)
    - University of Maryland(College Park, MD)
    - University of Connecticut(Mansfield, CT)
    - University of Wyoming(Laramie, WY)
    - Illinois State University(Normal, IL)
    - Northeastern State University(Tahlequah, OK)

2. 미국 사립대학

사립 대학의 경우 공립 대학과 다른 점 중 가장 대표적인 것은 학교를 운영하는 fund가 동문의 기부금, 연구 보조금, 학생들의 등록금, 등의 자금으로 이루어 진다는 것이다.

학비는 공립 대학보다 다소 비싼 편이며, (하지만 대학에서 Grant, merit scholarship 등을 주는 경우가 많으므로 이러한 대학의 장학금 정보를 잘 확인하여 미국대학 지원 리스트를 결정할 때 고려할 필요가 있다.) 비교적 공립대학보다 규모가 작은 대학이 대부분이며, 각 대학은 대학만의 교육 과정(curriculum)과 스포츠 service등을 제공한다. 스포츠의 활동 등이 공립 대학보다 조금 더 personal하다고 할 수 있다. (즉 personal 하다는 것은 공적인 단체와 연계 등은 약하나, 조금 더 집중적이고 개인적으로 훈련 받을 수 있다는 것을 의미한다.)

사립대학의 개념 및 특징

- 정의: 주(州)가 아닌 private 기금으로 운영되는 대학
- 운영 자금: 동문 기부금, 연구 보조금, 학생 등록금 등
- 공립대와의 차이
    - 학비는 다소 높지만, Grant·Merit 장학금 제도 풍부
    - 상대적으로 규모 작고, 커리큘럼·스포츠 서비스가 보다 개인 맞춤형

사립대학의 재정 구조

- 동문 네트워크 및 기부문화의 역할
- 연구 보조금 확보 방식
- 등록금 책정 원칙 및 장학금 활용 전략

교육·스포츠 프로그램의 개인화

- 공적 연계보다는 '집중 훈련'에 초점
- 소규모 클래스·세미나를 통한 맞춤형 교육
- 스포츠 클럽 및 캠퍼스 활동의 특징

사립대학에는 두가지 Non-profit 사립대학과 Profit 사립대학으로 분류할 수 있으므로 아래에서 그 대학들을 알아보기로 한다.

1) 비영리 사립대학(Private non-profit School)

미국에는 이익을 추구하지 않는 사립 대학이 무려 1,754개의 대학이 있으며, 이익을 추구하지 않는 사립 대학으로도 역시 4년제 대학과 2년을 공

부하는 학제의 대학도 있다.

미국의 대표적인 비영리 사립 대학들(non-profit private school)에는 어떤 대학들이 있는지 알아보자. 우리들이 매우 선호하는 미국의 우수한 많은 대학들이 이 분류에 속한다.

비영리 사립대학(Private non-profit)

- 미국 내 1,754개 이상(4년제·2년제 포함하고 있다.)
- 수익 추구가 아닌 학문·연구 목적 중심 대학들
- 대표 대학 예시
    - 동부: Harvard University(캠브리지), Brown University(프로비던스), Boston College(보스턴)
    - 중서부: Northwestern University(에반스턴), University of Chicago(시카고), Case Western Reserve University(클리블랜드)
    - 남부: Vanderbilt University(내슈빌), Emory University(애틀랜타), University of Notre Dame(노틀담)
    - 서부: Rice University(휴스턴), Carnegie Mellon University(피츠버그), Rensselaer Polytechnic Institute(트로이)

가장 학부모와 학생들에게 관심이 많고 인지도가 높은 비영리 사립대학들을 지역별로 비교해 보도록 하겠다.

다음 표는 미국 내 비영리 사립대학을 4개 주요 지역(동부, 중서부, 남부, 서부)으로 나누어 대표 대학, 입학 허가율, 학비(재정 보조를 하기전의 학비) 범위를 비교해 본 것이다.

〈표 1〉 대표 비영리 사립대학의 입학허가율

지역	대표 대학 및 허가율	학비 범위
동부(Northeast)	Harvard University(3.42%)	
New York University(7.7%)		
Georgetown University(13%)	3.4% - 13%	$61,676(Harvard) - $62,796 (NYU)
중서부(Midwest)	Northwestern University (7.0%)	
Washington University in St. Louis(12%)	7% - 12%	평균 사립대학 학비 $43,350
남부(South)	Vanderbilt University(6.0%)	
Emory University(11%)	6% - 11%	$64,280(Emory) - $67,498 (Vanderbilt)
서부(West)	Stanford University(4.3%)	
California Institute of Technology(3.91%)		
University of Southern California(10.4%)	3.9% - 10.4%	$65,910(Stanford) - $65,898 (Caltech); $71,647(USC)

동부(Northeast)

- 특징: 아이비리그(Ivy League)와 대형 사립 종합대학이 밀집. 막대한 기부금·연구비 지원으로 풍부한 재정 여력과 전통·명성이 강점이다.
- 선발 경쟁: 하버드의 경우 2025학년도 신입생 중 정규전형 허가율이 3.42%로 극히 낮고, NYU는 2024학년도 7.7%, Georgetown은 약 13%로 다양한 수준의 경쟁률을 보인다.
- 학비: 하버드는 연간 $61,676, NYU는 $62,796로 전국 사립 평균을 크게 상회하지만, 풍부한 장학금·재정보조(need- and merit-based aid)로 실질 부담을 낮출 기회가 많다.

중서부(Midwest)

- 특징: 연구 중심 대학과 리버럴 아츠 칼리지가 혼재. 인구가 분산된 대도시 외곽에

위치해 있어 학비·생활비가 동부·서부보다 다소 낮은 편이다.
- 선발 경쟁: Northwestern은 2023학년도 정규전형 허가율 4.6%, 전체 7.0% 수준, Washington University는 2024학년도 12% 정도로 상위권이지만 동부 상위권 대학보다는 다소 관대한 편이다.
- 학비: 전국 사립대학 평균 학비가 $43,350으로, 동부·서부 명문 대비 약 30% 낮다.

남부(South)
- 특징: 종교·문화적 전통이 짙은 명문 사립대와 최근 부상한 연구형 대학이 공존. 따뜻한 기후와 지역경제 성장세가 학생 유치 요소로 작용한다.
- 선발 경쟁: Vanderbilt는 2024학년도 6%대(정규전형 3.3%, EA 18.1%), Emory는 11% 정도로, 중서부 상위권과 유사하거나 다소 높다.
- 학비: 연간 $64,280(Emory)에서 $67,498(Vanderbilt)로 알려져 있으며, 큰 기부금을 바탕으로 한 재정보조 프로그램이 잘 갖춰져 있다.

서부(West)
- 특징: 실리콘밸리·할리우드 인접 명문 연구형 대학이 포진. 첨단 STEM 분야와 예술·인문학에서 높은 평판을 자랑으로 여기고 있다.
- 선발 경쟁: Stanford는 2024학년도 4.3%, Caltech는 약 3.9%, USC는 10.4% 수준으로, 극소수의 상위권과 다소 관대한 중상위권이 혼재한다.
- 학비: Stanford와 Caltech 각각 약 $65,900, USC는 $71,647로 매우 높지만, 우수 인재 유치를 위한 장학·재정보조가 활발하다.

2) 영리 사립 대학

미국에는 약 2,270여 개의 영리 목적의 사립대학이 있으며, 이들은 주로 온라인 프로그램 또는 소규모 전통 캠퍼스를 운영한다. 비영리 대학에 비해 학비가 다소 높고, 예술·직업 교육이나 특정 전문 분야에 집중된 학교가 많은 것이 특징이다. 주요 운영 형태로는 대기업(Perdoceo, Adtalem, Quad Partners 등) 산하의 기관, 또는 지역별 다수 캠퍼스를 보유한 체인이 있으며, 학교명에 혼동이 없도록 모교나 비슷한 이름의 기관과 구분하여야 하는 주의가 필요하다.

〈표 3〉 영리 사립 대학 리스트(private for-profit school list)

학교명	위치 및 주요 설명
Academy of Art University	San Francisco, California
American Career College	Los Angeles, California
American InterContinental University	>90% 온라인, Perdoceo 산하
American National University	VA·OH·KY·IN·WV 다수 캠퍼스 및 원격 교육; American University· National American University와 구분 필요
American Public University	온라인, American Public University System 산하; American University와 구분 필요
Antonelli College	다수 캠퍼스
ASA College	Brooklyn·midtown Manhattan·Miami 캠퍼스
Aspen University	Denver, Colorado
Berkeley College	New York·New Jersey; UC Berkeley·Berklee College of Music·Yale Berkeley College와 구분 필요
Blue Cliff College	Quad Partners 산하
Broadview University	Utah
Brookline College	Linden Education Group 산하
Burrell College of Osteopathic Medicine	Las Cruces, New Mexico
California Miramar University	San Diego, California(구 Pacific Western University)
California North state University College of Medicine	Elk Grove, California
Capella University	Minneapolis, Minnesota 및 온라인
Carrington College	미국 내 17개 캠퍼스
Chamberlain College of Nursing	Adtalem 산하

학교명	위치 및 주요 설명
Charter College	Alaska·California·Washington 캠퍼스
The College of Westchester	White Plains, New York; West Chester University(펜실베이니아)와 구분 필요
Colorado Technical University	>90% 온라인, Perdoceo 산하
Columbia Southern University	Columbia University와 구분 필요
Conservatory of Recording Arts and Sciences	Tempe, Arizona
Daymar College	Tennessee·Kentucky·Ohio 다수 캠퍼스 및 온라인
DeVry University	다수 캠퍼스; Keller School of Management 포함 (일부 폐쇄)
DigiPen Institute of Technology	Redmond, Washington
Eagle Gate College	Utah
ECPI University	구 ECPI College of Technology; 다수 캠퍼스; Medical Careers Institute 포함 (VA)
Engine City Technical Institute	South Plainfield, New Jersey; 현 Lincoln Technical Institute
Fashion Institute of Design & Merchandising (FIDM)	California 4개 캠퍼스; FIT(New York)와 구분 필요
Five Towns College	Dix Hills, New York
Florida Career College	다수 캠퍼스; International Education Corporation 소유
Florida Metropolitan University	다수 캠퍼스; 현 Everest University
Florida National University	Hialeah, Florida
Fortis College	다수 캠퍼스
Fox College	Chicago metro (Bedford Park, Tinley Park)
Full Sail University	Winter Park, Florida
Georgia Medical Institute	다수 캠퍼스; Medical College of Georgia(Augusta University)와 구분 필요
Grand Canyon University	온라인 및 Phoenix, Arizona
Hamilton College (Iowa)	현 Kaplan University 일부; 뉴욕의 Hamilton College와 구분 필요
Idaho College of Osteopathic Medicine	Meridian, Idaho
International Education Corporation	US Colleges, Florida Career Colleges, United Education Institute, UEI Colleges 운영
Lincoln Tech	다수 캠퍼스; Lincoln University와 구분 필요
Los Angeles Film School	Los Angeles, California
McCann School of Business and Technology	다수 캠퍼스

학교명	위치 및 주요 설명
Miami International University of Art and Design	Miami, Florida
Mildred Elley	다수 캠퍼스
Miller-Motte	다수 캠퍼스
Monroe University	다수 캠퍼스
Mountain West College	Salt Lake City, Utah
National American University	주로 온라인; American University와 구분 필요
National College	미국 내 다수 캠퍼스
National Institute of Technology (미국)	현 Everest Institute; 인도의 NIT와 구분 필요
National Paralegal College	Phoenix, Arizona
National University College	다수 캠퍼스 및 Puerto Rico
New School of Architecture and Design	San Diego, California; Ambow Education 소유; The New School와 구분 필요
Northwestern College	Chicago, Illinois; Northwestern University와 구분 필요
Ohio Business College	다수 캠퍼스
Olympia Career Training Institute	다수 캠퍼스; 현 Everest College
Pacific College of Oriental Medicine	Quad Partners 산하

3. 공립대학과 사립대학의 비교

사립대학과 공립 대학들의 대표적이고 일반적인 다른 점을 요약해 보면 다음과 같다.

- 공립 대학과 사립 대학은 대학의 Fund 제공하는 주체가 다르다. 즉, 공립은 주정부의 fund로 운영하며 사립은 동문의 기부금, 연구 보조금, 학생들의 등록금, 등의 자금으로 운영 된다고 할 수 있다.
- 공립대학은 주정부의 감독을 더 많이 받으며, 반면 사립대학은 공립대학과 비교해 보면 커리큘럼과 입학에 있어서 더 많은 자유와 유연성을 갖고 있다.
- 학비가 사립대학에 비해 공립대학이 일반적으로 더 싼 편이다.

- 규모가 공립대학이 사립 대학에 비해 일반적으로 더 크다.

다음은 학비와 재정 구조, 입학 요건 및 선발 기준, 학문 분야별 강점에 대해 차이를 알아보자.

미국 공립대학 vs 사립대학비교

미국 대학은 운영 주체에 따라 공립대학(주 정부가 설립·지원)과 사립대학(민간 재단이나 종교단체 등이 설립)이 있다. 아래에서는 두 유형의 대학을 학비와 재정 구조, 입학 요건 및 선발 기준, 학문 분야별 강점 측면에서 상세히 비교하겠다.

특히 대표적인 공립대학인 UC 버클리(캘리포니아대 버클리)와 미시간대학교, 사립대학인 하버드대학교와 스탠퍼드대학교를 예시로 들어 설명한 것임을 참고하시기 바란다.(이 데이터는 매해 조금씩 변경되며 대학의 총 비용은 학비이외에도 거주비 등 기타 비용이 발생할 수 있음을 참고해야 한다)

1) 학비와 재정 구조

- 등록금 수준(기숙사비와 기타 비용은 포함되지 않은 학비만을 의미한다)

공립대학은 주 정부의 재정 지원을 받기 때문에 해당 주 거주 학생(in-state)에게 비교적 낮은 학비를 책정한다. 2023-24년 기준 미국 공립 4년제 대학의 주내 학생 연평균 등록금 및 수수료가 약 $10,662로 집계되었는데, 이는 사립 4년제 대학 평균 등록금 $42,162의 약 25% 수준에 불과하다. 주외 거주 학생(out-of-state)이 공립대에 진학할 경우 보조금 없이 보다 높은 등록금을 내며, 평균 약 $23,630 수준이다. 아래 표는 공립대학과 사립대학의 평균 등록금을 비교해 본다.

〈표 4〉 미국 공립대학과 사립대학 평균 학비

대학 유형	연간 학부 등록금(2023-24)
공립대학(주내 거주 학생)	$10,662(평균)
공립대학(주외 거주 학생)	$23,630(평균)
사립대학(전국 공통)	$42,162(평균)

예를 들어, 미시간대학교(공립)의 2024년 기준 학부 주내 등록금은 약 $17,000, 주외 등록금은 약 $57,000 수준으로 책정되어 있다. 반면 하버드대학교(사립)의 공식 등록금은 $50,000 이상이지만, 이는 장학금 적용 전 **표면가(sticker price)**이며 상당수 학생들이 실질적으로 이보다 적은 금액을 납부하게 된다.

• 재정 지원과 장학금

사립대학은 높은 학비를 보완하기 위해 더 많은 대학 자체 장학금과 재정 지원을 제공한다. 2022-23년 기준 미국 사립대학들은 신입생에게 평균 **등록금의 56.2%에 달하는 할인(장학금)**을 제공하여 실제 부담을 낮추었다. 가령, 2022-23년에 프린스턴대학교의 공식 연간 학비가 $57,410이었지만, **필요에 따른 재정보조(Need-based aid)**를 받은 학생들의 평균 실질 부담액은 $17,464에 불과하게 된다. 하버드, 예일, 스탠퍼드와 같은 최상위 사립대학들은 소득 수준에 따라 전액 장학금이나 무이자 학자금 지원을 제공하며, **"필요가 있는 학생은 모두 지원한다"**는 정책(Need-blind/Full-need)을 통해 학비 부담을 줄여주고 있다. 반면, 공립대학은 주 정부 지원으로 애초의 학비가 낮게 책정되지만, 대학 자체의 장학금 재원은 상대적으로 적은 편이다. 공립대학 학생들은 연방 펠 그랜트(Pell Grant)나 주정부 장학금 등의 공적 지원을 많이 활용하며, 교내 장학금은 주로 성적 우수장학금이나 운동선수 장학금 등 일부에 한정되는 경우가 많다. 다만, 몇몇 주립대(예: 미시간대학교, UVA 등)도 대규모 기부금으로 재정보조를 확대하는 추세이다.

- 대학 재원과 자금 출처

공립대학은 주 정부의 예산 지원(세금)을 주요 재원으로 하며, 여기에 학비 수입과 연방정부의 연구비 보조금 등이 더해져 예산이 구성된다. 그러나 최근 수십 년 간 주정부 지원이 축소됨에 따라 공립대의 예산 중 학비 수입 비중이 크게 늘어나고 있다. 예를 들어, 미국 공립대학에 대한 주정부 1인당 지원액은 2000년에 비해 약 30% 감소한 상태이다. 그 결과, 많은 주립대가 주내 학생 학비를 인상하거나 더 많은 주외·외국인 학생을 받아 학비 수입을 보충하고 있다. 이에 비해 사립대학은 등록금과 거액의 기부금으로 조성된 교부금(endowment) 운용 수익을 주된 재원으로 활용하고 있다. 하버드대학교의 경우 2024년 현재 세계 최대인 약 $532억 달러 규모의 기부금을 보유하고 있으며, 이 자산 운용 수익으로 학생 장학금과 연구를 지원하고 있다. 스탠퍼드대학교 역시 2023년 기준 $365억 달러 규모의 기부금을 운영하여 대학 재정에 기여하고 있으며, 이 기부금 수익 중 약 2/3가 학생 재정지원에 쓰일 만큼 사립대학의 장학금 재원은 막강하다 할 수 있다. 공립대학 중에서도 기부금이 큰 곳들이 있는데, 미시간대학은 2024년 현재 $192억 달러의 기부금을 운영하여 미국 대학 중 9번째 규모를 기록했지만, 이 금액도 학생 수를 감안하면 사립대 최상위권에 비해 1인당 재원은 적은 편이다. 대신 미시간대, 버클리 등은 연구비와 병원 수익 등으로 재정을 확충하여 대규모 운영을 유지하고 있다.

2) 입학 요건 및 선발 기준

- **표준화 시험** (SAT/ACT) **정책:**

전통적으로 SAT 또는 ACT 성적은 미국 대학 입학의 중요한 요소이다. 사립대학들은 높은 SAT/ACT 점수를 가진 학생을 선호하지만, 동시에 홀리스틱(Holistic) 평가로 시험 점수 외에 에세이, 추천서, 과외활동 등을 종합적으로 고려한다. 상위권 사립대 합격자의 SAT 점수대는 매우 높아서, 하버드 신입생들의 SAT 평균은 약 1490~1550점 수준이며 ACT 평균은 34점 내외이다. 실제로 하버드 2025학년도 입학생들의 SAT 평균은 1494점, ACT 평균 34점으로 보고되었다. 스탠퍼드도 유사하게 SAT 1510~1570점 또는 ACT 34~35점 범위의 최상위권 점수를 보여 준다. 반면 공립대학들은 학교에 따라 다양하다. 캘리포니아대(UC) 시스템의 경우 2020년에 표준시험 요구를 폐지하여 현재 SAT/ACT 점수를 전혀 입시에서 고려하지 않고(test-blind) 있다. 이는 공립대가 시험보다 고교 성적과 기타 요소를 중시하는 방향으로 변화한 예이다. 다른 주립대들은 **시험 선택제**(test-optional)**를 도입하거나 여전히 점수를 참고하기도 하지만, 최상위권 주립대 합격자의 점수대 역시 매우 높아 미시간대 합격자의 SAT 중간 50% 범위는 1350-1530점, ACT 31-34점에 달했다. 즉, 공립대와 사립대 모두 상위권 대학일수록 높은 시험 점수와 성적을 요구하지만, 공립대 일부는 시험 제출을 의무화하지 않는 추세이다.

- GPA(내신 성적)와 학업 성취

모든 상위 대학들은 고교 GPA를 매우 중요하게 여긴다. 사립 명문대 합격자는 대부분 고교 내신 성적이 최상위권(평균 A 수준)이며, 도전적인 AP/IB 과정을 수강한 학생들이다. 공립대도 마찬가지로 주립대 최고 수준인 UCLA, 버클리 합격자의 평균 고교 평점은 가중치 기준 4.4/5.0에 달하고, 미시간대 합격자의 평균 GPA는 3.9(4.0 만점 기준)으로 90% 이상이 3.75+ 고득점자들이다. 다만 일부 공립대에서는 공식적인 최소 GPA 요건을 두기도 한다. (예: UC 계열은 주내 학생 최소 3.0, 주외 3.4 이상 지원 자격 요건이며, 클래스 랭크(석차) 상위 일정 비율 이내 학생에게 자동 입학을 보장하는 제도도 공립대에 존재한다. (하지만 이 점수에 든다고 합격을 보장받는 점수는 아니므로 지원시에는 이점을 고려하여야 한다.) 예를 들어 **텍사스대학교 오스틴(공립)**은 텍사스주 고교 졸업생 상위 6% 이내이면 자동으로 입학을 허가하는 법규가 있었고, 지원자가 폭증하자 2025학년도부터는 상위 5% 이내로 기준을 높이기도 했다. 이런 정책은 주립대가 주내 우수 학생을 우선 선발하기 위한 것으로, 사립대학에는 없는 특징이다. 즉 위와 같이 아주 상위권에서는 SAT, ACT가 아주 중요한 합격 요소이며 국제 학생에게는 더욱 더 중요하므로 지원 전에 잘 준비해야 한다.

- 합격률과 선발 엄격성:

사립 최상위 대학의 합격률은 한 자릿수로 극히 낮다. 하버드의 경우 2023년 가을 입학(Class of 2027) 합격률이 **3.41%**로 역사상 두 번째로 낮았고, 5만6937명의 지원자 중 불과 1,942명만이 합격했다. 스탠퍼드 역시 정확한 수치를 공개하지 않지만, 약 4% 내외의 합격률로 하버드에 버금가는 경쟁률을 보이고 있다. 이에 비해 대부분의 공립대학은 사립 최상위보다 합격률이 높은 편이다. 예를 들어 UC 버클리의 2023년 신입 합격률은 **약 11.6%**로, 지원자 125,800여 명 중 14,565명이 합격했다. 미시간대학교도 2024학년도 신입 합격률이 **약 18%**로 보고되었다. 물론 UCLA와 같이 지원자가 매우 많은 최상위 공립대의 경우 합격률이 9% 수준까지 내려가기도 하지만, 전반적으로 사립 아이비리그급 대학들의 경쟁률이 더 낮고 선발이 엄격하다고 할 수 있다. 아래 표는 대표적인 대학들의 합격률과 SAT 점수 범위를 비교한 것이다:

〈표 5〉 미국 공립대학과 사립대학의 합격생 sat점수

대학(유형)	신입 합격률	SAT 중간 50%(제출자 기준)
하버드(사립)	약 3.4%	1460-1580점(25-75% 범위)
스탠퍼드(사립)	약 4%	1510-1570점(25-75% 범위)
UC 버클리(공립)	약 11.6%	*시험 점수 미반영*(2021년부터 SAT/ACT 고려 안 함)
미시간(공립)	약 18%	1350-1530점(25-75% 범위)

표 주: SAT 범위는 해당 학교에 시험점수를 제출한 합격자들의 25퍼센타일-75퍼센타일 점수이다. UC 버클리는 2021년 이후 시험 점수를 전혀 반영하지 않으므로 별도 점수대가 없다.

- 선발 기준 및 프로세스:

사립대학들은 소수 정예 선발을 지향하여 전인적 평가를 실시하고 있다. 지원자의 에세이, 과외활동, 봉사, 추천서, 면접 등을 종합적으로 검토하며, 특기자나 다양한 배경의 학생을 균형 있게 뽑으려고 한다. 합격자 중 **레거시(동문 자녀)**나 특기자(예체능 우수자) 전형 등도 고려되어 비교적 탄력적 선발이 이루어 지고 있다. 반면 공립대학은 지원자 규모가 방대하여 학업 성적과 지표 중심으로 1차 평가를 한 뒤, 주요 대학은 역시 종합평가를

하지만 절차는 다소 정형화되어 있다. 예를 들어, UC 계열은 **종합평가 (comprehensive review)**라 하여 13가지 평가 요소에 따라 점수를 매기는 체계를 갖추고 있고, 주정부 법규나 지역균형(캘리포니아의 지역별 상위 9% 자동 자격 등)으로 선발을 보장하기도 한다. 또한 공립대는 주민 우대 정책이 있어서, 합격자 구성에 주내 출신 학생 비율이 높게 유지된다. 미시간대의 경우 학부 신입생의 약 50%를 미시간주 출신으로 선발하며, 주외 학생 합격률(약 18%)이 주내 합격률(약 39%)의 절반 수준에 그치고 있다. 이는 주립대가 주민 교육 기회 제공을 우선적 책무로 하기 때문으로, 전국에서 고르게 학생을 모으는 사립대와의 차이가 있다. 그러므로 타 지역 학생의 경우 주에 거주하는 시민권자, 영주권자에 비해 다소 주립 대학의 경우 합격에 불리함이 있으므로, 자신의 자격 조건을 잘 비교하여 어느 대학이 유리 할 지를 신중하게 고려하여 지원하여야 한다.

3) 학문 분야별 강점
- 공립대학의 강세 분야(공학·STEM 등)

많은 공립 연구중심대학들은 설립 목적상 공학, 과학, 농업 등 실용 학문 분야에 강점을 보여왔다. 예를 들어 UC 버클리는 전기전자·컴퓨터공학, 화학, 물리학 등 공학과 자연과학 분야에서 세계 최상위권으로 평가받는다. 버클리 공과대학은 미 전국 학부 공학 프로그램 순위에서 3위를 차지할 정도로 명성이 높으며, 하버드 등 일부 사립대보다 공학 교육에 두각을 나타낸다(참고로 하버드의 공학대학원 순위는 23위로 상대적으로 낮음). 농업 및 생명과학 분야에서도 공립대가 두드러지는데, UC 데이비스는 QS 세계대학 순위에서 농업·임업 분야 세계 1위를 여러 차례 기록하며 식품/농생명 과학 연구를 선도하고 있다. 이처럼 공립대학들은 대형 캠퍼스와 풍부한 연구 인프라를 바탕으로 STEM 분야 인재 양성에 큰 기여를 한다. 실제로 미국에서 STEM 학사 졸업생을 가장 많이 배출한 대학들도 대체로 학생 규모가 큰 공립대들이다. 예컨대 **펜실베이니아 주립대(Penn State)**는 2019-20년에 STEM 분야 학사 졸업생을 6,473명이나 배출하여 미국 대학 중 최다를 기록했다. 또한 미시간대학교는 2024년도에 연구비 지출이 사상 처음으로 연간 $20억을 돌파할 정도로 연구 활동이 활발하며, 이공계 연구에서 공립대학의 위상을 보여준다. 이러한 대규모 연구 투자를 통해 미시간대를 비롯한 주요 공립대는 의학, 공학, 자연과학 전 분야에 걸쳐 **세계적인 연구 성과(논문, 특허)**를 올리고 있다.

- 사립대학의 강세 분야(인문사회·전문직 등):

사립대학은 전통적으로 인문학과 사회과학, 그리고 전문대학원 분야에서 두각을 나타내 왔다. 아이비리그를 포함한 명문 사립대들은 인문사회 계열의 오랜 전통을 갖고 있고, 정치·경제·역사 분야의 많은 석학과 저명 동문을 배출했다. 또한 법학, 경영학, 의학 등 전문직 대학원 분야에서 사립대 우위가 뚜렷하다. 예를 들어 하버드대학교 로스쿨과 의과대학은 미국에서 항상 1~2위를 다투는 최고의 프로그램으로 평가되며, 경영대학원(Harvard Business School)도 세계적 명성을 누리고 있다. 스탠퍼드대학교는 실리콘밸리와의 연계 속에 **컴퓨터과학 및 공학, 경영학(MBA)**에서 혁신적인 프로그램을 운영하여 해당 분야 세계 1위급 평가를 받고 있다. 사립대학들은 학생당 투자 자원이 많아 소규모 정예 교육을 통해 창의적 연구와 학제간 학문을 장려하며, 융합학문이나 새로운 학술 분야 개척에 유연성이 큰 강점이 있다. 다만, 최근에는 공립대학도 상기 분야에서 경쟁력을 높여, 예를 들어 UC 버클리의 법대(버클리 로스쿨)와 경영대학원(Haas), 미시간대 로스쿨과 경영대학원(Ross) 등이 전국 Top 10에 들 정도로 수준이 높아졌다. 그럼에도 불구하고 상위 10위 내의 법학·경영·의학 대학원 상당수가 하버드, 예일, 스탠퍼드 등 사립인 현실은 지속되고 있다.

• 연구 성과 및 업적

양 측 대학 모두 우수한 연구 성과를 내고 있지만, 거대한 재원을 지닌 사립대학들이 역사적으로 학업적에서 두각을 나타낸 경우가 많다. 예를 들어 노벨상 수상자 배출을 보면, 하버드대학은 설립 이래 161명의 노벨상 수상자를 배출하여 세계 최다 기록을 갖고 있다. 이는 2위 그룹인 영국의 케임브리지대(~121명)나 시카고대(100명 내외)를 크게 앞서는 숫자이다. 스탠퍼드대학도 84명의 노벨상 수상자를 배출하며 상위권을 형성하고 있다. 한편 공립대학 중에서는 UC 버클리가 가장 돋보여, 노벨상 수상자 110명을 배출하여 하버드에 이어 세계 2위 수준을 기록했다. 버클리는 물리, 화학, 경제학 분야에서 특히 많은 노벨상 수상자를 낳았으며, 이는 공립대학의 연구 경쟁력이 사립 못지않음을 보여준다. 또한 공립대학의 연구 규모는 매우 커서, 2022년 미국 대학 연구비 지출 순위에서 미시간대학교와 UC 샌프란시스코(의학특성화 캠퍼스) 등이 하버드보다 앞서는 상위권을 차지했다. 요컨대 사립대학은 막대한 기부금과 전통으로 축적된 명성으로 인문사회 및 전문직 분야에서, 공립대학은 광범위한 분야의 연구개발과 STEM 교육에서 상대적 강점을 보여왔으나, 현대 대학들은 서로 영역을 넘나들며 전반적으로 모두 종합적 경쟁력을 갖추는 추세이다. 학생 입장에서는 공립대학은 폭넓은 전공 선택지와 비교적 낮은 학비, 다양한 캠퍼스 문화를 강점으로, 사립대학은 우수한 동문 네트워크와 1인당 지원이 풍부한 교육환경을 강점으로 고려할 수 있다.

4. 리버럴 아츠 칼리지(Liberal Arts College)는 어떤 대학인가?

Liberal Arts College는 예술, 과학, 인문학, 사회과학에 중점을 두고 교육에 대한 보다 폭넓은 접근 방식을 취하는 4년제 학부 기관이다. 교양 과정은 비즈니스나 컴퓨터 공학과 같은 특정 직업을 준비하는데 도움을 주기보다는 다양한 과목에 대한 이해력을 향상시키고, 비판적인 사고 능력을 연습하도록 교육한다.

그러므로 Liberal Arts College의 가장 큰 장점은 졸업 후에 다양한 진로를 모색할 수 있다는 것이다.

우리 학부모들은 이 대학들이 2년제로 전문대인줄 아는 경우가 많은데 그 이유는 일반적으로 우리나라에서는 college라는 호칭이 전문대에서 사용하고 있기 때문일 것이다. 하지만, 미국에서 college라는 것은 대학의 단위 대학, 즉 이공계 대학, 문과 대학, 법학 대학 등에 붙이는 호칭으로 college라는 호칭을 쓴다. 하버드의 경우 대학과 대학원을 함께 모두 칭하는 것이 Harvard University라고 일반적으로 호칭하며, 학부를 Harvard college라고도 호칭한다. 또한 California 에서는 종합대학 자체도 college로 호칭하기도 한다. 그러므로 Liberal Arts College라는 호칭은 전문대를 칭하는 것이 아님을 밝혀둔다.

이 대학은 14세기에 처음 사용된 liberals arts는 당시 무료 개인에게 제공되는 교육 유형 이였으며, 주로 산수, 기하학, 문법, 논리, 수사학과 같이 정신을 자극하는 주제를 주로 다루었다고 한다. 이 대학들은 주변 세계에 대해 비판적으로 사고할 수 있는 능력을 갖춘 학생들을 양성하기 위한 교육 원칙 중 일부를 기반으로 교육 과정이 구성되어 있다.

필자가 이 대학들을 소개하는 이유는 학부에서 장학금을 받을 수 있는 경우가 많기도 하고, 이 대학들은 학부 중심의 대학이므로 학부 과정에서 교수와 학생의 관계가 아주 밀접한 편이므로 후에 좋은 명문 대학원을 가기를 원하는 경우, 연구직이나 비교적 오래 공부하여야 하는 분야로 가고 싶은 경우에는 아주 큰 공립 대학보다는 유리할 수도 있기 때문이다.

Liberal Arts College의 일반적인 특징

- Small size

  대부분의 이 대학들은 학생수가 5,000명 미만으로 작은 규모이다.

- Classroom interaction

  학생수가 적어서 열린 토론과 활발한 학생과 교사 상호 작용을 촉진하기 위해 수업의 규모가 작아지는 경향을 가지고 있다.

- Focus on undergraduates

  대규모 대학과는 달리 대학원 학위를 제공하지 않으며 학부 학위에만 중점을 두고 교육한다.

- On-campus

  이 대학은 시간제 학생과 통근하는 학생이 적으며 대부분 full time으로 캠퍼스에 거주하는 경향이 있다.

- Emphases on teaching

  교수가 연구에 집중해야 하고 매 학기 제한된 수의 수업을 강의할 수 있는 다른 기관과 달리 인문학 대학 교수는 강의가 연구보다 우선 시 되어야 한다.

Liberal Arts College의 대표적인 인기 전공(Several popular liberal arts degrees include a focus on:)

- American studies
- Biology
- Creative writing
- History
- Philosophy
- Psychology
- Sociology

유명한 Liberal Art College List(top Liberal Arts College)

- Amherst College(Amherst, Massachusetts)
- Carleton College(Northfield, Minnesota)
- Dartmouth College(Hanover, New Hampshire)
- Middlebury College(Middlebury, Vermont)

- Morehouse College(Atlanta, Georgia)
- Pomona College(Claremont, California)
- Swarthmore College(Swarthmore, Pennsylvania)
- United States Naval Academy(Annapolis, Maryland)

5. 미국 대학 순위 알아보기(University Ranking in USA)

미국에는 많은 대학이 있다. 대표적인 National University의 Ranking과 Liberal Arts college의 Ranking을 알아보자.

단, 여러분이 염두에 두어야 할 것은 대학의 Ranking은 기관마다 약간 상이 하기 때문에 절대적인 순위는 아니라는 것을 밝혀 둔다.

〈표 6〉 National University Ranking In USA

2023	2024	대학 Institution
1	1	Princeton University
2	2	Massachusetts Institute of Technology (MIT)
3	3	Harvard University
3	=3	Stanford University
3	5	Yale University
7	6	University of Pennsylvania
9	7	California Institute of Technology (Caltech)
10	=7	Duke University
13	9	Brown University
7	=9	Johns Hopkins University
110	=9	Northwestern University
18	12	Columbia University
17	=12	Cornell University
6	=12	University of Chicago
20	15	University of California, Berkeley (UCB)
20	=15	University of California, Los Angeles (UCLA)
15	17	Rice University
12	18	Dartmouth University
13	=18	Vanderbilt University
18	20	University of Notre Dame
25	21	University of Michigan-Ann Arbor
22	22	Georgetown University
29	=22	University of North Carolina at Chapel Hill
22	24	Carnegie Mellon University
22	=24	Emory University
25	=24	University of Virginia
15	=24	Washington University in St. Louis
34	28	University of California, Davis
38	=28	University of California, San Diego (UCSD)
29	=28	University of Florida
25	=28	University of Southern California (USC)
38	32	University of Texas at Austin
44	33	Georgia Institue of Technology
34	=33	University of California, Irvine (UCI)
25	35	New York University (NYU)

2023	2024	대학 Institution
32	=35	University of California, Santa Barbara (UCSB)
41	=35	University of Illinois Urbana-Champaign
38	=35	University of Wisconsin-Madison
36	39	Boston College
55	40	Rutgers University- New Brunswick
32	=40	Tufts University
55	=40	University of Washington
41	43	Boston University
19	=43	The Ohio State University
51	=43	Purdue University
55	46	University of Maryland, College Park
51	47	Lehigh University
67	=47	Texas A&M University
49	=47	University of Georgia
36	=47	University of Rochester

〈표 7〉 Liberal Arts College Ranking in USA

2023	2024	대학 Institution
1	1	Williams College
2	2	Amherst College
6	3	United States Naval Academy
3	4	Pomona College
4	=4	Swarthmore College
5	=4	Wellesley College
18	7	United States Air Force Academy
9	8	United States Military Academy at West Point
6	9	Bowdoin College
6	=9	Carleton College
18	11	Barnard College
9	=11	Claremont McKenns College
15	=11	Grinnell College
11	=11	Middlebury College
18	=11	Wesleyan University
15	16	Davidson College
15	=16	Hamilton College
29	=16	Harvey Mudd College
13	=16	Smith College
13	=16	Vassar College
18	21	Colgate University
18	=21	Haverford College
11	=21	Washington and Lee University
25	24	Bates College
24	25	Colby College
18	=25	University of Richmond
33	27	College of the Holy Cross
27	=27	Macalester College
27	29	Berea College
26	30	Bryn Mawr College
31	=30	Bucknell University
37	=30	Lafayett College
39	33	Colorado College
36	34	Mount Holyoke College
39	35	Franklin & Marshall College
37	=35	Occidental College

2023	2024	대학 Institution
33	=35	Scripps College
39	38	Skidmore College
39	39	Denison University
48	=39	Hillsdale College
31	=39	Kenyon College
33	=39	Pitzer College
51	=39	Spelman College
39	=39	Trinity College
48	45	Union College (NY)
55	46	Connecticut College
45	=46	DePauw Univeresity
51	=46	Dickinson College
45	=46	Furman University
48	=46	Whitman College

Ⅱ. 미국대학의 다양한 전공

이번에는 미국 대학의 다양한 전공의 종류를 알아보려고 한다.

미국 대학은 4년 과정을 요구하는 전공과 2년 과정으로 Degree를 받을 수 있는 전공이 있으며, 각 전공에 세부 전공도 안내하겠다. 전공별 세부 전공을 알아보는 것은 앞으로 전공 선택과 그 후 직업을 결정하는데 많은 도움이 될 것이다.

아래는 대표적인 미국대학 전공이다.

1. 대표적인 전공

- Agriculture
- Arts
- Business
- Communications
- Community Services
- computers & Math
- Engineering & Technology
- Education
- Health Sciences & Services
- Language & humanities
- Natural Sciences

- Repair & Construction
- Social Sciences

위 대표적인 전공들의 세부적인 전공을 알아보면 아래와 같다.

1) Agriculture

- Four -year Degrees(4년 전공)
    - Agricultural Business & Management
    - Agribusiness Operations
    - Agricultural Economics

- Two- year Degrees(2년 전공)
    - Agriculture, General
    - Agricultural Education

2) Arts

- Four-years degrees
    - Music Education
    - Art, General
    - Design & Visual Communications, General
    - Interior Design
    - Theatre Arts/Drama
    - Cinema/Film/Video StudiesFine & Studio ArtsMusic

- two-year degrees
    - Graphic Design
    - Photography
    - Fine & Studio Arts
    - Music

3) Business

- Four-Year Degrees
    - Business Administration/Mgmt, General Accounting
    - Business/Managerial Economics
    - Finance
    - Travel/Tourism Services Management
    - International Business Management
    - Management Quantitative Methods
    - Marketing Management & Research
    - Fashion Merchandising

- Two-Year Degrees
    - Business Administration/Mgmt, General
    - Accounting Technician
    - Management Quantitative Methods

4) Communications

- Four-Year Degrees

    - Agricultural Public Services
    - Communications, General
    - Mass Communications
    - Journalism, Print
    - Journalism, Broadcast
    - Radio & Television Communications
    - Public Relations & Organizational Comm
    - Advertising

- Two-Year Degrees

    - Communications, General
    - Journalism, Print

5) Community Services

- Four-Year Degrees

    - Family & Consumer Sciences, General
    - Food & Nutrition
    - Child Development
    - Parks, Recreation & Leisure Studies
    - Health & Physical Education/Fitness
    - Sport & Fitness Admin/Management

- Exercise Sci/Physiology/Kinesiology
- Corrections
- Criminal Justice
- Human Services, General
- Social Work
- Public Health

- Two-Year Degrees
    - Criminal Justice

6) Computers & Math
- Four-Year Degrees
    - Computer & Information Sci, General
    - Information Science
    - Mathematics, General
    - Management Information Systems

- Two-Year Degrees
    - Computer & Information Sci, General
    - Computer Science
    - Mathematics, General

7) Engineering & Technology

- Four-Year Degrees

    - Architecture
    - Landscape Architecture
    - Engineering, General
    - Aerospace/Astronautical Engineering
    - Chemical Engineering
    - Civil Engineering
    - Computer Engineering
    - Electrical, Electronics & Comm Eng
    - Mechanical Engineering
    - Industrial Engineering
    - Quality Control & Safety Technologies
    - Mechanical Eng-Related Technology
    - Construction/Building Technology
    - Aviation & Airway Science

- Two-Year Degrees

    - Engineering, General
    - Engineering Technology, General
    - Automotive Engineering Technology
    - Construction/Building Technology
    - Architectural Drafting/CAD Technology

8) Education

- Four-Year Degrees

    - Teacher Education, General
    - Special Education
    - Elementary Education
    - Early Childhood Education
    - Secondary Education
    - English/Language Arts Educ
    - Mathematics Education
    - Physical Education & Coaching
    - Social Studies/Sciences Education

- Two-Year Degrees

    - Teacher Education, General
    - Elementary Education
    - Secondary Education
    - Physical Education & Coaching

9) Health Science & Services

- Four-Year Degrees

    - Nutrition Sciences
    - Communication Disorders Services
    - Dental Hygiene

- Medical Radiologic Technology
- Medicine(Pre-medicine)
- Nursing, Registered(BSN)
- Pharmacy(Pre-pharmacy)
- Physical Therapy(Pre-phys therapy)
- Veterinary Medicine(Pre-veterinarian)

- Two-Year Degrees
    - Dental Hygiene
    - Physical Therapy Assisting
    - Veterinarian Technology/Assisting
    - Medical Radiologic Technology
    - Respiratory Therapy Technology
    - Medical Laboratory Technology
    - Nursing, Registered(ASN or ADN/RN)

10) Language & humanities

- Four-Year Degrees
    - Area Studies, Other
    - Foreign Languages/Literatures, General
    - Spanish Language & Literature
    - English Language & Literature, General
    - Rhetoric

- Liberal Arts & General Studies
- Philosophy
- Divinity/Ministry
- Religion

- Two-Year Degrees
  - Liberal Arts & General Studies

11) Natural Sciences

- Four-Year Degrees
  - Animal Sciences
  - Agronomy & Crop Science
  - Environmental Science/Studies
  - Science Education
  - Biology, General
  - Biochemistry & Biophysics
  - Microbiology & Immunology
  - ZoologyPhysiology, Pathology & Related Sci
  - Ecology
  - Atmospheric Sciences & Meteorology
  - Chemistry
  - Geological & Earth Science
  - Physics

- Two-Year Degrees
    - Forestry
    - Biology, General
    - Physical Sciences, General

12) Repair & Construction

- Four-Year Degrees
    - Fire Protection & Safety Technology
    - Construction Management

- Two-Year Degrees
    - Fire Protection & Safety Technology
    - Heating/Air Cond/Refrig Install/Repair
    - Autobody/Collision Repair/Technology
    - Diesel Mechanics/Technology

13) Social Sciences

- Four-Year Degrees
    - International & Global Studies
    - Psychology, General
    - Social Sciences, General
    - Anthropology
    - Criminology

- Economics
- Geography & Cartography
- Political Science & Government
- Sociology
- History

- Two-Year Degrees
    - Psychology, General
    - Social Sciences, General
    - Sociology

2. 전공별 가능한 직업군

1) Science 전공

Agronomy and Crop Science

이 전공은 작물 생산, 토양 관리, 식량 작물의 물리·화학·생물학적 관계를 연구하는 분야이다. 이 전공의 졸업생들은 농업 컨설턴트, 식량·자원 관리자, 작물·토양 과학자, 종자 및 비료 회사 연구원 등으로 진출한다.

Animal Sciences

이 전공은 가축 및 실험동물의 사육, 영양, 번식, 질병 관리 등 동물 농업에 필요한 과학적 지식을 제공한다. 이 전공의 졸업자들은 수의학 준비, 대학교육, 축산·수산업 현장, 동물 관련 제약·자원 관리, 농업 컨설팅 등으로 진출할 수 있다.

Astronomy

천문학은 지구 외부의 천체와 현상을 연구하는 자연 과학 분야이다. 이 전공자들은 교수·연구원, 대학원·박사 후 연구자, 망원경·관측소 운영, 천문 교육·홍보, 우주탐사 기관(NASA·ESA) 연구원 등으로 활동한다.

Atmospheric Sciences and Meteorology

대기과학은 지구 대기의 물리적·화학적 과정을 연구하고, 기상학은 그 중 단기적 날씨 현상을 주로 연구하는 학문이다. 이 전공자들은 방송 기상 캐스터, 국립 기상청·NOAA·NASA 연구원, 산업체 기후 분석가, 항공사·에너지 회사 기상 서비스, 기후 변화 컨설턴트 등으로 진출한다.

Biochemistry and Biophysics

이 전공은 생명 현상의 화학적·물리적 원리를 분자 수준에서 탐구하는 분야이다. 이 전공자들의 진로는 제약·바이오기업 연구원, 임상·진단 검사실 연구원, 학계·정부 연구기관 과학자, 식품·화장품 개발자 등으로 진출한다.

Cell/Cellular Biology

세포생물학자는 생체 내 기본 생물학적 과정을 이해하기 위해 분자 및 세포 수준에서 세포의 구조와 기능을 연구한다. 세포생물학 전공자는 학계, 바이오테크 기업, 정부 연구소 등에서 연구원으로 활동하며, 세포 신호 전달, 발생생물학, 감염 및 면역, 질병의 분자 메커니즘 등 분야를 연구한다.

Chemistry

화학은 원소와 화합물의 성질, 구성, 구조 및 이들이 경험하는 변화와 이 과정에서 방출되거나 흡수되는 에너지를 다루는 과학 분야이다. 화학 전공자는 화학 기술자, 독성학자, 분석 화학자, 공정 개발 과학자, 환경 화학자, 제약·바이오 연구원, 품질 관리 전문가, 교육자 등 다양한 분야로 진출할 수 있다.

Ecology

생태학은 유기체와 그 환경 및 상호 간의 관계를 개체, 개체군, 군집, 생태계 수준에서 연구하는 과학이며, 이 전공자는 야생 생물 관리, 환경 영향 평가, 보전 계획가, 교육·홍보 전문가, 환경 컨설턴트, 연구원, 정책 분석가 등으로 진출할 수 있다.

Environmental Science

환경과학은 지구 환경의 물리적, 화학적, 생물학적 구성 요소 간 상호작용과 인간 활동의 영향을 연구하는 학제 간 분야이다. 환경 분석가, 기후변화 컨설턴트, 해양 생물학자, 대기·수질 전문가, 정부 연구원, 환경 교육자 등으로 활동하게 된다.

Food Sciences and Technology

식품과학은 화학, 생화학, 미생물학, 물리학, 공학, 영양학을 융합하여 식품의 가공, 안전성, 품질, 영양 및 감각 특성을 연구하고 개발하는 분야이다. 농식품 과학 기술자, 품질 보증 전문가, 식품 안전 규제 담당자, 소비자 연구원, 제품 개발자, 대학교 교수, 정부·비영리기관 연구원 등으로 진출한다.

Forestry

산림학은 지속 가능한 산림 이용과 생태계 서비스를 위해 산림 자원을 조성, 관리, 보전, 복원하는 이론과 기술을 탐구하는 학문이며, 산림 관리자, 산림·야생동물 보전 전문가, 산림 경영 컨설턴트, 산림 소방관, 목재·펄프 산업 연구원, 호수·하천 복원 전문가, 농림 경영 기술자 등으로 진출할 수 있다.

2) Genetics(유전학)전공

Geological and Earth Sciences

지질학·지구과학은 지구의 구조, 조성, 과정 및 역사를 연구하여 지진, 화산, 자원 분포 등을 이해하는 분야이다. 전공자들은 지질학자, 유전 탐사 엔지니어, 지구물리학자, 환경 컨설턴트, 광산 엔지니어 등으로 활동 한다.

Horticulture Science

원예학은 식용·관상용 식물의 재배·개량·생산·관리를 과학적·예술적으로 연구하는 학문이며, 식물 육종가, 온실 관리자, 조경 디자이너, 농업 확장 전문가, 종자 개발 연구원이 될 수 있다.

Marine/Aquatic Biology

해양·수생생물학은 바다와 담수 생태계 내 생물 및 환경 간 상호작용을 연구하는 생물학의 한 분야이다. 해양 생물학자, 수중 생태 연구원, 해양 보전 전문가, 수족관 관리자, 해양 환경 컨설턴트 등이 될 수 있다.

Microbiology and Immunology

미생물학 및 면역학은 미생물과 면역 체계의 구조·기능·상호작용을 연구하여 질병 예방·치료법을 개발하는 분야이다. 진로는 미생물학자, 면역학자, 백신 연구원, 병원성 분석가, 제약 품질 관리 전문가 등이다.

Natural Resources Conservation, General

자연자원 보전은 토양·수질·야생생물 등 천연자원의 지속 가능한 이용과 보호를 목표로 하는 분야이다. 환경 보전 전문가, 자연자원 관리자, 환경 정책 분석가, 정부 기관 공무원, NGO 활동가 등이 된다.

Natural Resources Management

자연자원 관리는 산림·수자원·토양 등의 관리 전략과 정책을 수립·실행하여 자원을 지속 가능하게 보호하는 분야이다. 전공자들은 자원 관리 전문가, 산림 관리자, 수자원 관리자, 환경 컨설턴트, 국립공원 관리자 직업을 갖는다.

Physical Sciences, General

물리과학 일반은 물리학·화학·지구과학 등 자연 현상의 기본 원리와 법칙을 연구하는 포괄적 분야입니다. 진로: 과학 연구원, 기술 컨설턴트, 산업 연구 분석가, 과학 작가, 교육자.

Physics

물리학은 물질, 에너지 및 상호작용의 본질과 법칙을 규명하여 자연현상을 설명하는 자연과학 분야이다. 진로는 물리학자, 연구 과학자, 엔지니어, 데이터 과학자, 물리 교사.

Science Education

과학 교육은 과학 지식과 탐구 방법을 효과적으로 가르치고 학습하도록 교과 과정과 교수법을 연구하는 교육학 분야이다. 과학교사, 교육 커리큘럼 개발자, 교육 컨설턴트, 과학 커뮤니케이터, 교육 연구원 등이 된다.

Wildlife and Wildlands Management

야생동물 및 야생지 관리는 야생동물 개체군과 서식지의 보전·관리·복원을 위한 과학적 방법과 정책을 연구하는 분야이며, 가능한 진로는 야생동물 관리자, 서식지 복원 전문가, 국립공원 관리자, 생태 컨설턴트, 환경 교육 전문가 등.

Zoology

동물학은 동물의 구조·기능·행동·진화를 연구하여 생물 다양성과 생태계 역할을 이해하는 생물학 분야이다. 동물학자, 동물원 사육사, 동물 행동 연구원, 보전 생물학자, 수의 연구원 등이 된다.

3) Computer Science and Mathematics 전공

Actuarial Science

보험·금융 등 산업에서 위험을 평가하기 위해 수학적·통계적 방법을 적용하는 학문 분야이다. 진로는 보험계리사, 리스크 분석가, 연금 컨설턴트, 보험 관리자, 금융 분석가 등이다.

Applied Mathematics

과학·공학·산업 현장의 실제 문제를 해결하기 위해 수학적 기법과 모델을 활용하는 응용 수학 분야로 진로는 운영 연구원, 데이터 과학자, 계량 분석가, 계산 과학자, 엔지니어.

Business/Management Quantitative Methods, General

통계 분석과 수리 모델링 등 정량적 기법을 비즈니스 의사결정에 적용하는 분야로 비즈니스 분석가, 경영 컨설턴트, 데이터 분석가, 금융 분석가, 운영 관리자 등.

Computer and Information Sciences, General

컴퓨팅 원리, 프로그래밍, 알고리즘, 정보 시스템 전반을 연구하는 컴퓨터 과학 분야로 소프트웨어 개발자, 시스템 분석가, IT 컨설턴트, 데이터베이스 관리자가 된다.

Computer Network/Telecommunications

컴퓨터 네트워크와 통신 시스템의 설계·구현·운영·관리를 다루는 분야로 네트워크 엔지니어, 네트워크 관리자, 통신 분석가, 네트워크 아키텍트 등의 직업이 될 수 있다.

Computer Science and Programming

소프트웨어 개발, 프로그래밍 언어, 알고리즘 설계 및 구현을 중점으로 하는 분야이다. 진로는 소프트웨어 엔지니어, 프로그래머, 시스템 프로그래머, 모바일 앱 개발자.

Computer Software and Media Application

멀티미디어 애플리케이션, 소프트웨어 도구, 인터랙티브 미디어를 개발하는 분야이다. 소프트웨어 개발자, 멀티미디어 개발자, UI/UX 디자이너, 게임 개발자.

Computer System Administration

컴퓨터 시스템·서버·IT 인프라의 설치, 구성, 유지보수를 담당하는 분야이다. 진로는 시스템 관리자, IT 지원 전문가, DevOps 엔지니어, 클라우드 관리자.

Data Management Technology

데이터를 효율적으로 조직·저장·검색·관리하기 위한 기술과 도구를 연구하는 분야로 진로는 데이터베이스 관리자, 데이터 매니저, ETL(데이터 추출·변환·적재) 전문가, 데이터 웨어하우스 엔지니어 등.

Information Science

조직 내 정보의 처리·검색·관리 및 사용자와의 상호작용을 연구하는 분야이다. 정보 아키텍트, 데이터 사서, UX 연구원, 지식 관리자 등.

Management Information Systems

경영 활동을 지원하기 위해 비즈니스 프로세스와 정보기술을 통합하는 시스템을 연구하는 분야로 진로는 MIS 분석가, IT 프로젝트 매니저, 시스템 분석가, 비즈니스 시스템 관리자.

Mathematics Education

다양한 교육 수준에서 수학을 효과적으로 가르치고 배우는 방법과 이론을 연구하는 분야이다. 수학교사, 교과 과정 개발자, 교육 컨설턴트, 교육 코디네이터 등의 직업.

Mathematics, General

순수 수학과 응용 수학의 이론 및 문제 해결 기법 전반을 연구하는 분야이다. 수학자, 통계학자, 계리 분석가, 학술 연구원, 암호 분석가 등.

Statistics

데이터의 수집·분석·해석·표현 기법을 연구하는 학문 분야이며 진로는 통계학자, 데이터 분석가, 생물통계학자, 시장 조사원, 계량 연구원이 가능하다.

Webpage Design

웹사이트 및 웹 애플리케이션의 기획·레이아웃·디자인을 담당하는 분야로 진로는 웹 디자이너, 프론트엔드 개발자, UI 디자이너, 디지털 콘텐츠 크리에이터.

4) Medical and Health 전공

Technical & Therapeutic Roles

· Athletic Training

운동선수의 근·골격계 부상을 예방·진단·치료하고 재활 프로그램을 설계·감독하는 과정으로 진로는 학교, 프로팀, 스포츠 클리닉 등의 공인 운동 트레이너.

· Emergency Medical Technology

현장 및 이송 중 기본 생명 유지술과 환자 평가를 수행하는 응급구조사·파라메딕 양성 과정이다. 진로는 EMT(응급구조사), Paramedic(구급대원) 이 된다.

· Medical Laboratory Technology

혈액·소변·조직 등의 임상 검사를 통해 질병 진단·치료·예방을 지원하는 기술자 양성 과정으로 진로는 임상검사 기술자(학사), 실험실 기술자(준학사).

· Medical Radiologic & MRI Technology

X선·CT·MRI 등 진단 영상을 촬영·분석하는 방사선사·MRI 기술자 양성 과정이다. 방사선사, MRI 기술자 등이 될 수 있다.

· Nuclear Medicine Technology

방사성 의약품을 조제·투여해 PET 등 핵의학 영상검사 및 치료를 수행하는 기술자 과정으로 진로는 핵의학 기술자.

· Respiratory Therapy Technology

호흡기 질환 환자의 평가·치료·재활을 담당하는 호흡기 치료사 양성 과정이다. 호흡기 치료사(Registered Respiratory Therapist).

· Surgical Technology

수술실 기구 준비·무균 유지·수술 보조를 수행하는 수술 기술자 양성 과정으로 진로는 수술 기술자(Operating Room Technician).

Nursing Programs

· Nursing, Practical/Vocational(LPN/LVN)

기초 간호(바이탈 사인 측정, 상처 관리, 투약 등)를 수행하는 실무 간호사 양성 과정으로 LPN/LVN(실무 간호사).

· Nursing, Registered(RN)

환자 평가·간호 계획·투약 관리·교육을 수행하는 등록 간호사 양성 과정으로 진로는 RN(등록 간호사)이다.

Dietetics & Nutrition

· Food and Nutrition

식품과 영양을 활용해 건강 증진·질병 관리를 지원하고 영양 프로그램을 기획·상담·운영하는 과정으로 영양사·영양 전문가(Registered Dietitian)가 된다.

Health/Medical Technology(General)

· Health/Medical Technology, General

의료 정보, 임상 검사, 영상 등 다양한 보건·의료 보조 기술자를 양성하는 일반 과정이다. 보건·의료 기술자 전반(Health Technologist & Technician) 직업.

Pre-Professional Health Tracks

· Pre-Chiropractic

해부학·생리학·생체역학 과목을 이수해 DC(Doctor of Chiropractic) 과정으로 진학 준비이며, 척추·근골격계 전문의(DC)가 되기 위한 Pre program이다.

· Pre-Dentistry

DDS/DMD 과정 필수 과목(생물·화학·물리·해부) 이수 후 치과의사 과정 준비이며 치과 의사(DDS/DMD)가 되기 위한 pre-program이다.

· Pre-Medicine

기초 과학 및 임상·봉사 경험을 쌓아 AMCAS (미국 의과 대학을 지원 할 때 중앙 집중식로 지원서를 접수, 처리해 주는 온라인 시스템) 통해 MD 과정에 지원할 수 있는 Pre-program으로 의사가 될 수 있는 기초 전공.

· Osteopathic Medicine(Pre-DO)

전인적 접근과 정골 수기요법을 강조하는 DO 과정 진학 준비로 진로는 정골의사.

· Pre-Optometry

생물·화학·물리·광학 과목 이수 후 OAT·OptomCAS로 OD 과정 지원 준비를 하는 전공으로 진로는 검안사(OD)이다.

· Pre-Pharmacy

일반·유기화학·생물·수학 과목 이수해 PharmD 과정 진학 준비로 진로는 약사.

· Pre-Physical Therapy

해부·생리·생체역학 과목과 임상 관찰을 이수해 DPT 과정 진학 준비로 진로는 물리치료사.

· Physician Assisting

의료 경험과 예비 과목 이수 후 석사 수준 PA 과정 지원 준비과정으로 의사 보조사가 될 수 있다.

· Veterinary Assisting/Technology

수의 실험실 검사·수술 보조·동물 간호 기술을 배우는 2~4년제 프로그램으로 수의 기술자가 될 수 있다.

· Pre-Veterinary Medicine

생명과학·화학·물리·수학 과목 및 동물 실습을 통해 VMCAS로 DVM 과정 지원 준비로 진로는 수의사이다.

5) Engineering and Technology 전공

Aerospace & Aviation

· Aeronautical/Aerospace Engineering Technology

항공기·우주선의 컴퓨터·통신·시험 장비를 운영·조작·유지 보수한다. 진로는 항공기·우주선 시뮬레이터 기기 조작자, 시험기록 분석가, 기술 지원 테크니션.

· Aerospace/Aeronautical Engineering

항공기 및 우주의 설계·개발·시험·제조를 담당하는 기초공학 분야이다. 진로는 우주항공 엔지니어, 비행체 설계자, 항공 시스템 분석가, 방위산업 연구개발 등 분야.

Agricultural & Bioengineering

· Agricultural/Bioengineering

농업생산 문제 해결을 위해 공학·생물학 지식을 적용하여 장비·구조·토양·수자원 시스템을 설계한다. 진로는 농업 엔지니어, 농기계 설계자, 수자원 관리 엔지니어, 농업 컨설턴트.

Architecture & Construction Technologies

· Architectural Drafting/CAD Technology & Drafting, General

건축·공정 설계를 컴퓨터 시스템(CAD)으로 2D/3D 도면으로 변환·작성한다. CAD 드래프터, 건축·토목 도면 작성자, 설계 지원 기술자.

· Architectural Engineering & Architectural Engineering Technology

건축 구조·설비 시스템 설계를 공학적으로 수행하며, 설계 도면의 실무 구현·검증을 지원한다. 진로는 건축 엔지니어, 구조 분석가, 건축 기술자, 시공 관리자.

· Architecture, General

미적·기술적 기준을 결합하여 건축물의 개념·설계·감리를 수행한다. 진로는 건축가, 설계 스튜디오 책임자, 도시계획 컨설턴트.

· Construction Engineering/Management & Construction/Building Technology

공사 계획·예산·품질·안전·인력 관리를 총괄하고, 시공 현장 기술 지원·품질 검사를 수행한다. 진로는 건설 관리자, 현장 엔지니어, 안전·품질 관리자.

Mechanical & Industrial Engineering

· Mechanical Engineering & Mechanical Engineering Technology

기계 시스템 설계·분석·제조 공정을 연구하고, 기계장비 시험·조립·운영·유지보수를 지원한다. 진로는 기계 엔지니어, 제품 설계자, CAD/CAM

기술자, 품질 검사관.

· Automotive Engineering Technology

자동차 설계·생산 기술을 적용하여 차량 시스템 개발·테스트를 지원한다. 자동차 시험 엔지니어, 시스템 조정 기술자, 연구개발 지원.

· Industrial Engineering & Industrial Production Technologies

생산 시스템의 효율성·품질·인간공학을 설계하고, 제조 공정 설비의 운전·개선·유지보수를 수행한다. 진로는 산업 엔지니어, 생산 관리자, 공정 개선 분석가.

Electrical & Electronics

· Electrical, Electronic, and Communication Engineering

전력·통신·전자 시스템 설계·개발·시험 및 제조를 감독한다. 진로는 전기 엔지니어, 통신 시스템 설계자, 회로 분석가.

· Electrical/Electronics Engineering Technology

전기·전자 장비 설계·제조·시험을 지원하고, 회로 구성·테스트 기술을 적용한다. 전자 기술자, 시스템 설치·유지보수 담당자.

· Electromechanical/Biomedical Engineering Technology

의료용 기기·로봇·자동화 시스템의 구성·시험·수리를 수행한다. 진로는 의료 기기 기술자, 자동화 설비 유지보수 엔지니어.

Computer & Pre-Engineering

· Computer Engineering & Computer Engineering Technology

하드웨어·임베디드 시스템·네트워크를 설계·개발하고, 컴퓨터 시스템 설치·시험·개선을 지원한다. 하드웨어 엔지니어, 시스템 통합 기술자, 네트워크 분석가.

· Engineering(Pre-Engineering), General & Engineering Technology, General

공학 전공 입문 과목(수학·물리·기초공학) 이수 트랙 및 실무 기술 기초 교육을 제공한다. 진로는 엔지니어링 전공으로 전환, CAD 지원, 기술 보조 역할.

Environmental Engineering & Technology

· Environmental Control Technologies

산업 공정·빌딩 시스템의 대기·수질·폐기물 처리 설비를 설계·운영한다. 환경 설비 엔지니어, 배출 가스 제어 기술자.

· Environmental Health Engineering

공중보건 안전을 위한 물·대기·토양 오염 제어 기술을 연구·적용한다. 진로는 환경 엔지니어, 오염·위해성 평가 전문가.

Nuclear, Military & Quality Control

· Nuclear Engineering

원자력 에너지 생산·방사성 물질 제어·폐기물 처리 시스템을 설계·연구한다. 원자력 엔지니어, 방사능 안전 관리자, 핵연료 설계자.

· Military Technologies

군사용 무기·방어 시스템의 설계·시험·운영 기술을 다룬다. 진로는 방위산업 테크니션, 군사 시스템 엔지니어.

· Quality Control and Safety Technologies

제조·건설·공정 산업의 품질 보증·안전 규정 준수 시스템을 설계·검사한다. 품질 관리자, 안전 엔지니어, 규제 준수 담당자.

3. STEM Majors란?

우리 나라 학부모, 학생들이 가장 선호하는 전공은 Stem이라고 할 수 있다. 그렇다면 STEM에는 어떤 전공이 속하는지 알아보자.

STEM은 Science, Technology, Engineering, Mathematics의 첫 알파벳을 따서 만든 용어로 STEM 전공은 이 네가지 전공 중에 하나에 속하는 모든 연구 분야를 의미하며, 복잡한 문제 해결, 획기적인 연구 수행, 신기술 창출에 대한 열정이 있다면 무엇이든 귀하에게 딱 맞는 STEM 전공을 찾을 수 있을 것이다.

또한 STEM전공을 원하는 경우에는 수학적 실력은 필수라고 볼 수 있다.

가능하면 대학에서 STEM 전공을 할 계획이 있다면 고등학교 학습준비에서 수학적인 실력을 쌓도록 하는 것이 좋다.

STEM 전공은 일반적으로 다음 여덟 가지 전공으로 나누어 진다.

- Chemistry(화학)
- Computer Science(컴퓨터과학)
- Engineering(공학)
- Environmental Science(환경과학)
- Geosciences(지구과학)
- Life Sciences(생명과학)
- Mathematics(수학)
- Physics/Astronomy(물리·천문학)

다음은 STEM전공을 한 학생의 경우 졸업 후 가능한 직업이다.

1) 과학(Science)
- 주요 전공 분야

  생명과학(Biology), 화학(Chemistry), 물리학(Physics), 지구과학(Geoscience), 환경과학(Environmental Science)

- 대표 직업 예시
  - 생물학자(Biologist)

    : 생물체의 구조와 기능, 생태계 상호작용 등을 연구한다.
  - 해양생물학자(Marine Biologist)

    : 바다 생물의 생태와 행동을 관찰·분석한다.
  - 야생동물학자(Wildlife Biologist)

    : 육상 생물과 그 서식지를 연구·보호한다.

○ 환경과학자(Environmental Scientist)

: 환경오염 모니터링, 복원 및 규제 자문 업무를 수행함.

○ 화학자(Chemist)

: 물질의 성분 분석, 신물질 개발·품질 관리를 담당한다.

2) 기술(Technology)

- 주요 전공 분야

  컴퓨터과학(Computer Science), 정보기술(IT), 데이터 과학(Data Science), 인공지능(Artificial Intelligence)

- 대표 직업 예시

    ○ 소프트웨어 개발자(Software Developer)

    : 애플리케이션·시스템 소프트웨어 설계·구현을 담당.

    ○ 데이터 과학자(Data Scientist)

    : 대규모 데이터 분석·모델링을 통해 인사이트를 도출한다.

    ○ 사이버보안 분석가(Cybersecurity Analyst)

    : 정보시스템의 보안 취약점 점검·대응 방안을 마련하는 것.

    ○ IT 컨설턴트(IT Consultant)

    : 기업의 기술 인프라 최적화 및 디지털 전환을 지원함.

    ○ 인공지능 전문가(AI Specialist)

    : 머신러닝·딥러닝 모델을 개발하고 적용함.

3) 공학(Engineering)

- 주요 전공 분야

  기계공학(Mechanical Engineering), 전기·전자공학(Electrical & Electronics Engineering), 토목공학(Civil Engineering), 화학공학(Chemical Engineering), 항공우주공학(Aerospace Engineering) 등

- 대표 직업 예시

  ○ 기계 엔지니어(Mechanical Engineer)

  : 기계 장치 설계·제작·시험을 수행함

  ○ 전기전자 엔지니어(Electrical Engineer)

  : 전기 시스템·전자 장비 설계·개발을 담당한다.

  ○ 토목 엔지니어(Civil Engineer)

  : 도로·교량·댐 등 인프라 구조물 설계·시공 관리를 수행함.

  ○ 화학 엔지니어(Chemical Engineer)

  : 화학 공정 설계·운영 및 신물질 합성 연구를 진행한다.

  ○ 항공우주 엔지니어(Aerospace Engineer)

  : 항공기·우주선 설계·시험·운용 기술을 연구한다.

4) 수학(Mathematics)

- 주요 전공 분야

  순수수학(Pure Mathematics), 응용수학(Applied Mathematics), 통계학(Statistics), 보험계리학(Actuarial Science), 데이터 분석(Data Analysis)

- 대표 직업 예시

  ○ 데이터 분석가(Data Analyst)

: 데이터 정제·시각화·통계 분석으로 비즈니스 인사이트를 제공함.

○ 보험계리사(Actuary)

: 보험·연금 상품의 리스크 평가 및 요율 설계 업무를 담당한다.

○ 금융 분석가(Financial Analyst)

: 재무 데이터 분석을 통해 투자 전략 수립을 지원한다.

○ 운용연구 분석가(Operations Research Analyst)

: 최적화 모델을 활용해 물류·생산·스케줄링 문제를 해결한다.

○ 통계학자(Statistician)

: 설계 실험·표본조사·추론 통계를 활용해 연구 결과를 분석한다.

이처럼 STEM 전공은 기초 학문부터 첨단 기술·응용 분야까지 폭넓은 지식을 요구하며, 각 전공별로 다양한 진로 선택이 가능하다.

4. 취업률이 가장 높은 전공 알아보기

아래는 취업률이 가장 좋은 학부의 전공이며 괄호 안에는 취업률을 나타낸다.

아래 정보를 아는 것이 미국 대학 지원에 앞서 전공을 아주 확정하기는 어렵겠지만, 대략의 계획을 세우는데 도움이 될 것이다.

- Veterinary sciences(85.6%)
- Medicine(82.3%)
- Teaching(79.8%)

- Subjects allied to medicine(79.3%)
- Engineering(79.1%)
- Dentistry(76.1%)
- Business(75.3%)
- Architecture(74.9%)
- Nursing(74.9%)
- Law(72.8%)

Ⅲ. 자기에게 맞는 전공, 어떻게 찾아야 할까?

전공을 선택할 때는 자신의 열정과 강점, 장기적인 직업 목표 등을 반드시 고려하여야 한다. 그 이유는 열정이 있으면 진정 관심이 있는 학문 분야에서 동기가 부여되고 학습이 즐거워지므로 결국 좋은 결과로 나타나게 될 것이기 때문이다. 전공 선택은 대학 진학 과정에서 매우 중요한 단계이므로, 전공 선택 시에 주요 고려 사항을 아래에서 정리해 본다.

학생과 학부모님들께서는 잘 숙지하여 전공 선택시에 도움이 되길 바란다.

Kickstart Your Exploration - 적극적인 전공에 대한 탐색을 시작한다.

자신과 적합한 전공을 찾기 위해서는 과학, 예술, 비즈니스 등과 같은 분야에 대한 학생의 관심, 가치 및 선호도에 초점을 - focus 맞추어 자신의 관심사를 이해하여 선택의 범위를 좁혀 나가는 것이 좋은 방법이다.

Participate in Internships - 적극적인 경험을 하도록 한다.

실제 경험을 통해 학생이 관심이 있는지 알아내는데 도움이 된다. 관심 분야와 관련된 인턴십, 봉사 등에 참여하여 자신의 관심과 장점에 잘 맞는지 알아보는 것이 큰 도움이 된다.

Consider Job Shadowing - 실제 현장에서 경험할 기회를 가져라.

직업 shadowing은 실제로 해당 직업을 실습해보는 과정이며, 학생이 추구하고 싶은 진로에 대한 귀한 통찰력을 제공할 수 있는 경험이다. 즉 직장에서 일하는 분들을 따라다니며 궁금한 것들을 질문함으로써 그 직업에 대한 자신의 적합성을 판단하는데 도움을 줄 수 있다.

그래도 전공 선택이 어렵다면?

너무 고민하지는 않아도 된다. 많은 학생들은 입학 시에 전공을 선택하지 못하는 경우가 많으며 이런 것들이 나중에 학생 인생에 성공여부를 결정하지는 않기 때문이다.

즉, 만약 아직 전공 선택에 어려움이 있다면, 대학에 들어가서 2학년 말까지 다양한 많은 수업을 들어보고 자신에게 맞는 전공을 선택하는 것도 현명한 방법일 수 있다.

1. 미국 대학 - 유명 전공은 무엇일까?

이번에는 미국에서 유명한 전공과 몇 개의 전공별 유명대학 등을 알아보자.

학생들은 전공을 알아보고 유명대학을 알아봄으로써 앞으로의 목표를 설정하는데 도움이 될 것이다.

1) 미국대학 가장 유명한 10개 전공

아래는 미국의 가장 유명한 전공별 초기 연봉과 실업률, 해당 전공의 가장 유명한 미국대학 들이다.

화학 공학(Chemical engineering)

화학 공학은 화학물질을 다루는 것뿐 아니라 물리학, 공학을 폭넓게 배우며 의약품부터 연료까지 제조하며 개발한다.

- 초기 연봉: $79,000
- 실업률: 2.0%
- 화학 공학으로 유명한 미국 대학
    - MIT
    - Caltech
    - Stanford

컴퓨터 공학(Computer engineering)

우리 삶의 거의 모든 부분에 기술이 영향을 미치며 컴퓨터 공학은 당연히 인기 있는 전공으로 자리 잡고 있고, 학위를 통해 하드웨어와 소프트웨어 시스템을 모두 설계하고 개발할 수 있다.

- 초기 연봉: $80,000
- 실업률: 2.3%
- 컴퓨터 공학으로 유명한 미국 대학
    - MIT
    - Stanford
    - UC Berkeley

항공 우주 공학(Aerospace engineering)

항공기, 우주선, 인공위성, 미사일 등을 만들고 운영하는 작업을 배울 수 있는 학과로 일이 흥미로울 뿐만 아니라 급여도 꽤 많은 편이라고 할 수 있다.

- 초기 연봉: $74,000
- 실업률: 7.8%
- 항공 우주 공학으로 유명한 미국 대학
    - Stanford
    - MIT
    - UC Berkeley

전기 공학(Electrical engineering)

전기 공학은 현대의 중추이며 전기를 생산하기 위한 여러 가지 에너지원에 대해 공부하며 전기 공학을 공부한 전문가 들은 전력망에서 통신에 이르기까지 다양한 분야에서 일하고 있다.

- 초기 연봉: $72,000
- 실업률: 2.9%
- 전기 공학으로 유명한 미국 대학
    - MIT
    - Stanford
    - UC Berkeley

기계 공학(Mechanical engineering)

기계 공학은 우리가 매일 사용하는 많은 기계와 시스템에 대한 지식을 배우고 자동차, 로봇 등 기계를 이용한 설비나 장치를 개발하는 것을 배울 수 있다.

- 초기 연봉: $70,000
- 실업률: 1.5%
- 기계 공학으로 유명한 미국 대학
    - MIT
    - Stanford
    - Caltech

컴퓨터과학(Computer Science)

미래의 최고 학위 목록 중 하나인 컴퓨터 과학은 컴퓨터 관련 산업의 핵심적인 학문으로, 소프트웨어 개발, 프로그래밍, AI 또는 데이터 시스템 분야 등 많은 기회를 얻을 수 있는 학위라고 할 수 있다.

- 초기 연봉: $78,000
- 실업률: 4.3%
- 컴퓨터과학으로 유명한 미국 대학
    - Carnegie Mellon
    - MIT
    - Stanford

약학(Pharmacy)

약사는 의료 분야에서 약물 치료와 환자 치료에 대한 조언을 제공하는 데 매우 중요하다 할 수 있고, 의약품과 약물 치료에 대한 이론을 배우고 약품의 개발 및 생산, 관리 등을 연구한다.

- 초기 연봉: $79,000

- 실업률: 3.4%
- 약학으로 유명한 미국 대학
    - University of North Carolina - Chapel Hill
    - University of California - San Francisco
    - University of Michigan - Ann

금융학(Finance)

자금의 수요와 공급에 관계되는 활동에 대하여 연구하는 학과로 숫자를 중시하고 투자 관리나 시장 분석을 좋아한다면 이 학과를 공부하는 것이 좋은 선택일 수 있다.

- 초기 연봉: $66,000
- 실업률: 2.7%
- 금융학으로 유명한 미국 대학
    - UPenn
    - NYU
    - University of Michigan - Ann Arbor

기타 공학(Miscellanceous engineering)

기타 공학은 환경 공학부터 시스템 공학까지 다양한 공학 전문 분야를 말하며, 본질적으로 문제 해결자이고 다양한 산업 분야에서 일할 수 있는 유연성을 원한다면 이 학과가 잘 맞을 수 있다.

- 초기 연봉: $68,000
- 실업률: 2.2%

- 기타 공학으로 유명한 미국 대학
    - MIT
    - Stanford
    - UC Berkeley

산업 공학(Industrial engineering)

산업 공학은 비즈니스를 보다 효율적으로 만들기 위해 시스템 운영 방법을 배우고 개선하는 곳으로, 과학적이고 합리적으로 산업 시스템을 설계하고 운영하는 일을 배우며 복잡한 문제를 해결하는 것을 좋아한다면 이 학위가 적합하다.

- 초기 연봉: $71,000
- 실업률: 0.2%
- 산업 공학으로 유명한 미국 대학
    - Georgia Institute of Technology
    - University of Michigan - Ann Arbor
    - University of California, Berkeley

2) 학사 학위 중 가장 추천할 만한 전공(25 valuable majors for college students)과 전공별 직업

어떤 학위가 진로에 가장 적합할까?

진로에 가장 적합한 학위는 개인의 관심사, 업계 수요, 그리고 진로 목표에 따라 크게 달라진다고 할 수 있다. 컴퓨터 과학, 의료, 공학, 경영학은 높은 취업 시장 수요, 높은 연봉을 보장받는다. 그리고 다양한 산업 분야에 적용 가능한 폭넓은 활용성으로 인해 상위권에 있다고 볼 수 있다. 또한 이러한 분야는 탄탄한 취업 전망을 제공할 뿐만 아니라 혁신과 성장의 기회를 제공하여 회사의 고용주들의 높은 선호도를 보이기도 한다.

기술 및 의료와 같은 신흥 시장 트렌드에 부합하는 학위를 선택하는 것은 경쟁 우위를 확보할 수 있는 방법이다. 하지만 자신의 열정과 강점에 부합하는 분야를 선택하는 것의 중요성은 아무리 강조해도 지나치지 않기 때문에 학위는 단순히 수익성 있는 취업 기회 만을 고려하는 것은 자칫하면 위험한 선택이 될 수도 있다. 그러므로 전공 선택 시에는 이런 것들과 함께 개인적인 만족과 전문적인 발전 목표를 달성할 수 있을 때 진정한 자아 실현이 되는 직업을 갖게 될 것이다.

아래에서는 대표적인 전공별 가능한 직업과 평균 연봉을 알아보기로 한다.

Biomedical engineering(average salary $100,730)
- Bioengineering associate
- Biomedical engineering manager
- Medical device developer

Computer Science(average salary $145,080)
- Cybersecurity specialist
- Data Scientist
- Web developer

Marine engineering(average salary $100,270)

- Naval architect
- Marine mechanic
- Naval engineering consultant

Pharmaceutical sciences(average salary $136,030)

- Pharmaceutical scientist
- Clinical researcher
- Pharmacist

Computer engineering(average salary $138,080)

- Front-end developer
- Back-end developer
- Hardware engineer

Electrical engineering(average salary $106,950)

- Aerospace engineer
- Electronics engineer
- Associate electrical engineer

Finance(average salary $156,100)

- Financial analyst
- Accounting manager

- Operations controller

Software engineering(average salary $132,270)

- Systems software engineer
- Embedded software engineer
- Software Developer

Civil engineering(average salary $95,890)

- Surveyor
- CAD technician
- Building engineer

Applied mathematics(average salary $80,000)

- Actuary
- Computer programmer
- Logistician

Statistics(average salary $116,440)

- Data analyst
- Statistician
- Business Consultant

Medical and health preparatory programs

- Dentist
- Nursing Assistant
- Pharmacy Assistant

Economics(average salary $115,730)

- Financial analyst
- Actuary
- Market research analyst

Genetics(average salary $95,770)

- Geneticist
- Genetic counselor
- Biological scientist

Mechanical engineering(average salary $99,510)

- Mechanical Engineer
- Aerospace Engineer
- Industrial Engineer

Management information systems(average salary $169,510)

- Software Developer
- Computer programmer

- Computer systems analyst

Mathematics(average salary $116,440)

- Mathematician
- Statistician
- Actuary

Physics(average salary $149,530)

- Astronomer
- Physicist
- Mechanical engineer

Political science(average salary $132,350)

- Political scientist
- Public relations specialist
- Management analyst

Business administration(average salary $69,117)

- Administrative supervisor
- Management analyst
- Operations Manager

Nursing(average salary $86,070)

- Pediatric nurse
- Emergency room nurse
- Cardiology nurse

Meteorology(average salary $92,860)

- Meteorologist
- Atmospheric scientist
- Environmental scientist

General engineering(average salary $100,000)

- Electrical engineer
- Industrial engineer
- Civil engineer

Materials science(average salary $84,680)

- Materials scientist
- Materials engineer
- Chemist

Chemical engineering(average salary $112,100)

- Chemical engineer
- Food engineer

- Chemical analyst

3) 전공별 우수한 미국 대학 리스트(학부의 전공별 좋은 대학 - undergraduate college)

〈표 8〉 Computer Science(best college for Computer Science)

1	M.I.T
2	Stanford University
3	Carnegie Mellon University
4	Columbia University
5	California Institute of Technology
6	Yale University
7	Brown University
8	Georgia Institute of Technology
9	Cornell University
10	Vanderbilt University
11	Dartmouth College
12	Princeton University
13	Duke University
14	University of Pennsylvania
15	University of Michigan-Ann Arbor

〈표 9〉 Biology

1	Harvard University
2	Stanford University
3	Yale University
4	Duke University
5	Johns Hopkins University
6	University of Pennsylvania
7	Brown University
8	University of Southern California
9	M.I.T
10	Cornell University
11	Washington University in St. Louis
12	Columbia University

13	Princeton University
14	Dartmouth College
15	University of California- Los Angeles (UCLA)
16	Northwestern University
17	Rice University
18	Vanderbilt University
19	University of Michigan-Ann Arbor
20	California Institute of Technology

〈표 10〉 Engineering

1	M.I.T
2	Stanford University
3	California Institute of Technology
4	Rice University
5	Harvard University
6	Yale University
7	Georgia Institute of Technology
8	Carnegie Mellon University
9	Columbia University
10	Princeton University
11	Vanderbilt University
12	Duke University
13	University of Michigan-Ann Arbor
14	Cornell University
15	Dartmouth College
16	Jhons Hopkins University
17	University of Pennsylvania
18	University of Notre Dame
19	University of Texas-Austin
20	University of Southern California

〈표 11〉 Business and Management

1	University of Pennsylvania
2	Cornell University
3	Georgetown University
4	M.I.T

5	University of Southern California
6	University of Georgia
7	Carnegie Mellon University
8	University of Notre Dame
9	University of Michigan-Ann Arbor
10	University of Florida
11	Northeastern University
12	Florida State University
13	University of Virginia
14	Northwestern University
15	University of California-Berkeley
16	Virginia Tech
17	Babson College
18	University of Texas -Austin
19	New York University
20	Washington University in St. Louis

〈표 12〉 Finance & Accounting

1	University of Pennsylvania
2	Georgetown University
3	Boston College
4	University of Notre Dame
5	Washington University St. Louis
6	Florida State University
7	University of Georgia
8	University of Illinois Urbana-Champaign
9	Brigham Young University
10	University of Texas -Autin
11	Bentley University
12	University of Miami
13	Villanova University
14	University of Michigan-Ann Arbor

〈표 13〉 Math

1	Harvard University
2	Stanford University

3	Massachusetts Institute of Technology (M.I.T)
4	Carnegie Mellon University
5	Yale University
6	Brown University
7	Dartmouth College
8	Columbia University
9	University of California - Los Angeles
10	Harvey Mudd College
11	California Institute of Technology
12	Duke University
13	University of Pennsylvania
14	University of Michigan-Ann Arbor
15	University of Chicago

Ⅳ. 미국 대학 지원 준비과정 알아보기

1. 준비 단계: 지원 전 사전 준비

1) 대학 목록 작성 및 조사

미국에는 수천 개의 대학교가 있으며, 각각의 대학은 고유한 교육 철학, 전공 강점, 입학 기준, 문화적 분위기를 가지고 있다. 학생은 자신이 원하는 전공, 위치, 학교 크기, 학비, 장학금 가능성, 기후 등 여러 요소를 고려하여 대학 목록을 만들어야 한다. 이 대학 목록은 3가지 유형을 반드시 포함하여 만드는 것이 중요하다.

Safety School(안전 지원): 입학이 거의 확실한 학교들
Match School(적정 지원): 학생의 성적과 입학 기준이 비슷한 학교들
Reach School(도전 지원): 합격 가능성은 낮지만 도전해볼 만한 학교들

예를 들어, 학생의 GPA와 SAT 성적 등의 학업 성취도가 지원하는 학교의 평균 합격자 평균보다 낮은 학교는 '도전', 평균과 비슷한 곳은 '적정', 확실히 합격 가능성이 높은 곳은 '안정'으로 분류한다. 대학 목록은 이렇게 3가지 유형을 포함한 6~10개 대학으로 구성하는 것이 일반적이다.

또한, 각 대학의 웹사이트를 방문하여 학업 성취도 뿐만 아니라, 입학 요건, 마감일, 제공하는 전공 및 커리큘럼, 학생 지원 프로그램 등을 꼼꼼히

확인해야 한다.

2) SAT/ACT 시험 준비

미국 대학 대부분은 SAT 또는 ACT 시험 점수를 요구한다. 코로나로 인하여 Test-Optional 도입 대학이 증가하였고 아직까지 학생이 시험 점수를 넣을지 안 넣을지 선택하여 지원할 수 있는 대학들이 존재하지만 최근 들어 Test-Optional 정책을 없애는 대학들도 많아지고 있다. 학생은 11학년 말 또는 12학년 초까지 시험을 치르는 것이 일반적이며, 좋은 점수를 받기 위해서는 최소한 6개월~ 2년 전부터 준비하는것이 좋다.

물론 준비가 빠를 수록 학생에게 점수를 올리는 시간을 확보할 수 있다. 그러나 너무 어린 나이에 준비하는 것은 학생에게 많은 부담이 되며 아직 배우지 않은 부분이 많으므로 점수를 내기가 어려울 수 있으니 지나치게 이른것은 삼가하여야 한다.

SAT와 ACT 중 어느 시험이 더 자신에게 적합한지 진단 테스트를 통해 확인한 후, 그에 맞춰 전략적으로 공부한다. 특정 과목 시험인 SAT Subject Test는 폐지되었고 현재는 AP 또는 IB 과목에서 좋은 성적을 받는 것이 더 중요 해졌다.

영어가 모국어가 아닌 경우, TOEFL 또는 IELTS와 같은 영어 능력 시험 점수도 함께 요구될 수 있고 학교마다 요구 점수는 다르므로 미리 확인하고 준비해야 한다.

3) 활동 및 수상 정리

미국 대학 입시는 단순히 성적과 시험 점수로만 결정되지 않는다. 리더십, 커뮤니티 참여, 봉사활동, 인턴십, 예술 및 체육 활동, 수상 경력 등 다양한 extracurricular 활동이 매우 중요하게 평가된다.

지원자는 9학년부터 12학년까지의 주요 활동을 연도별로 정리하고, 활동의 역할, 기여도, 성과 등을 구체적으로 기록해두는 것이 중요하다. 이는 Common App의 Activities나 에세이 작성에 매우 유용하게 활용되기 때문이다. 특히 활동이 단순히 '참여' 수준이 아니라, 주도적인 역할이나 성과를 중심으로 기술되어야 경쟁력이 높아진다는 사실을 기억하기 바란다.

2. 지원 단계: 실제 지원서 작성 및 제출

1) 에세이 작성

미국 대학 지원서에서 가장 핵심적인 요소 중 하나는 에세이이다. 메인 에세이는 학생의 성격, 가치관, 인생 경험을 보여줄 수 있는 중요한 수단으로 Common App에서는 매년 다양한 주제 중 하나를 선택하여 약 650단어 이내로 작성하게 되어 있다.

이 글은 단순한 이야기 전달이 아닌, 자신만의 고유한 사고방식과 성숙함을 보여주는 창이다.

에세이는 여름 방학 동안 초안을 작성하고, 교사나 컨설턴트, 부모의 피드백을 받아 최소 3~4번 이상 퇴고하는 것이 좋고 가능하다면 여러 번의 퇴고를 하는 것이 좋다. 대학별로 요구하는 써플 에세이(Supplemental Essay)도 꼼꼼히 준비해야 하며, 메인 에세이와 마찬가지로 단순한 정보 전달이 아닌 '왜 이 학교인지', '어떤 기여를 할 수 있는지'에 대한 진정성 있는 메시지가 포함되어야 한다.

2) 추천서 요청

대부분의 대학은 1~2장의 교사 추천서(Teacher Recommendations)와 학교 카운슬러의 추천서(School Report)를 요구한다. 추천서 작성을 요청할 때는 학생을 잘 알고 있으며 긍정적인 평가를 줄 수 있는 교사를 선택하는 것이 좋다. 이상적으로는 11학년 또는 12학년의 수업에서 학생이 뛰어난 참여를 보였던 교과 과목의 교사가 적합하다. 그리고 이때의 교과 과목이 학생이 대학에 지원하는 전공과 연관되어 있다면 더 좋은 영향을 줄 수 있다. 추천서를 부탁할 때에는 추천인에게 자신의 이력서, 활동 목록, 희망 전공 등을 함께 전달해주면 더 풍부한 내용을 담은 추천서를 받을 수 있을 것이다.

3) 지원서 제출

대부분의 대학은 Common Application이나 Coalition Application을 통해 지원을 받으며, 일부 대학은 자체 지원서를 작성해야 한다. 지원서를 제출할 때는 기본 인적사항, 학업 정보, 활동 목록, 에세이, 추천서, 시험 점수 등을 포함해야 한다. 지원서의 종류와 각 지원서의 특징은 바로 다음 장에서 알아보도록 하자.

3. 미국 대학 지원 플랫폼의 종류와 특징

현재 미국에서는 세 가지 주요 지원 플랫폼이 있으며, 각기 다른 특징과 장단점을 가지고 있다. 지원 플랫폼의 선택은 희망 대학의 요구 사항에 따라 결정되며, 효율적이고 전략적인 지원을 위해서는 이들 시스템의 특성을 정확히 이해하고 있어야 한다.

1) Common Application(공통 지원서) www.commonapp.org

Common Application은 미국 및 해외 대학 약 1,000개 이상이 사용하는 대표적인 지원 플랫폼으로, 미국 내 대부분의 사립대학과 일부 주립대학이 포함되어 있다. 하나의 계정으로 여러 대학에 동시에 지원할 수 있으며, 표준화된 양식을 사용함으로써 지원 과정을 간소화할 수 있다.

<Common App의 장점>
- 다수의 대학에 동시에 지원 가능하므로 시간과 노력이 절약된다.
- 활동 내역 및 에세이 등의 형식을 통일된 구조로 관리할 수 있어 준비가 체계적이다.
- 플랫폼의 인터페이스가 직관적이며 단계별 진행상황표시, 체크리스트 기능 등으로 진행 상황을 쉽게 파악할 수 있다.

<Common App의 단점>
- 마감일 직전에는 접속자 수 증가로 인해 시스템 지연이 발생할 수 있으므로 조기 제출을 권장한다.
- 일부 대학은 Common App을 받지 않거나, 학교마다 별도의 서류나 추가 에세이를 요구하는 경우도 있어 대학별 확인이 필요하다.

2) Coalition Application(콜리션 지원서) www.coalitionforcollegeaccess.org

Coalition Application은 교육 기회의 형평성과 접근성을 높이기 위해 설계된 지원 플랫폼이다. 약 150여 개의 대학이 참여하고 있으며, 특히 저소득층, 소수 계층, 다양한 배경을 가진 학생들을 위한 접근성과 형평성에 중점을 두고 있다.

<Coalition App의 장점>
- Locker 기능을 통해 장기적인 지원 준비를 위한 자료 축적 및 관리가 용이하다.
- 사용자 수가 상대적으로 적어 시스템 혼잡이 적고, 플랫폼 안정성이 높은 편이다.

<Coalition App의 단점>
- 참여 대학 수가 적어 선택의 폭이 좁고, 대부분의 경우 Common App으로도 중복 지원이 가능하기 때문에 활용률이 낮은 편이다.
- 사용자 인터페이스가 다소 복잡하거나 직관성이 떨어진다는 피드백이 있다.

3) College-Specific Application(대학 자체 지원서)

일부 대학은 자체적으로 개발한 지원 시스템을 통해 지원서를 받는다. 대표적으로 MIT, Georgetown University, University of California(UC)계열 대학들이 이에 해당하며, 서류 제출 방식, 마감일, 에세이 주제 등 모든 지원 절차가 독립적으로 운영된다.

<자체 지원서의 장점>
- 대학의 특성에 맞춰 지원서를 맞춤화할 수 있어, 자신이 해당 학교에 적합한 인재임을 강조하기 용이하다.
- 일부 대학의 경우 자체 시스템을 통해 지원자 맞춤형 피드백이나 추가 정보를 제공하기도 한다.

<자체 지원서의 단점>

- 여러 대학에 지원할 경우 각 대학별로 개별적으로 지원서를 작성해야 하므로 시간과 노력이 많이 소요된다.
- 마감일 및 요구 서류가 모두 상이하므로 철저한 일정 관리와 세부 확인이 필요하다.
- 자체적인 에세이 질문이 있어 Common App의 기존 에세이를 그대로 사용할 수 없을 경우가 높다.

〈표 14〉 미국 대학 지원플랫폼 비교 요약

항목	Common App	Coalition App	College-Specific App
사용 가능 대학 수	약 1,000개 이상	약 150개 내외	개별 대학 중심
지원 편의성	매우 높음	중간	낮음(대학별 개별 작성 필요)
주요 대상	대부분의 학생	저소득층 및 비전형 학습자	특정 대학 목표 학생
대표 사용 대학	NYU, Boston University, USC 등	UChicago, University of Maryland 등	MIT, Georgetown, UC 계열 등

결론: 어떤 플랫폼을 선택해야 할까?

대부분의 미국 대학은 Common App을 통해 지원할 수 있으므로, 가장 보편적이고 실용적인 플랫폼이다. 그러나 지원하는 대학이 Coalition App 또는 자체 지원서를 요구하는 경우, 그에 맞게 전략적으로 준비해야 한다. 한 학생이 세 가지 플랫폼을 동시에 사용하는 것도 가능하지만, 지원 학교 리스트와 마감일, 요구 사항을 철저히 확인한 후, 가장 효율적인 방식으로 계획을 세우는 것이 바람직하다.

지원 플랫폼은 단순한 기술적 수단이 아니라, 자신의 학업 및 비교과 활동을 효과적으로 전달하는 중요한 창구이므로, 사전에 각 플랫폼의 기능과 요구 사항을 충분히 숙지한 뒤 지원 준비를 시작하는 것이 성공적인 대학 입시의 첫걸음이 될 것이다.

4. 후속 단계: 지원 후 준비 및 대응

1) 재정 지원 신청

미국 대학의 학비는 매우 높은 편이기 때문에 재정 지원(Financial Aid)을 신청하는 것은 매우 중요하다. 미국 시민권자, 영주권자의 경우 연방정부 재정 지원을 신청하려면 FAFSA(Free Application for Federal Student Aid)를 제출해야 하며, 신청은 매년 10월 1일부터 가능하다.

일부 사립대학은 추가로 CSS Profile이라는 서류를 요구하는데, 이는 대학 자체 장학금 및 재정 지원 평가를 위한 자료이다. 가족의 세금 보고서, 자산 정보 등을 포함한 복잡한 서류이므로 미리 준비해야 하며, 제출 마감일은 대학마다 상이하다.

2) 합격 통보 및 결정

지원한 대학들은 보통 조기지원의 경우 12월, 일반지원은 3월에서 4월 사이에 결과를 발표한다. 학생은 모든 대학의 결과를 비교한 후, 최종 등록할 대학을 5월 1일까지 선택해야 한다. 이때 장학금, 재정 지원 조건, 전공 프로그램의 질, 캠퍼스 환경 등을 종합적으로 고려해 결정을 내리는 것이 중요하다.

합격한 대학들 중 입학할 대학이 결정되면, 나머지 대학에는 등록하지 않겠다는 통보를 정중히 전달해야 한다.

5. 미국 대학 지원 방식의 이해: ED, EA, RD, Rolling Admission

미국 대학 입학 과정은 매우 체계적이면서도 복잡한 특징을 가지고 있다. 학생은 대학마다 요구하는 서류를 준비하고, 자신이 어떤 시기에 어떤 방식으로 지원할 것인지를 결정해야 한다. 특히 '언제' 지원하는지에 따라 전략이 달라지며, 지원자의 합격률, 장학금 수혜 가능성, 입학 결정 시점까지 영향을 미친다. 대표적인 네 가지 지원 방식은 Early Decision, Early Action, Regular Decision, 그리고 Rolling Admission입니다. 이 장에서는 각 방식의 특징과 장단점, 전략적 활용법까지 자세히 설명해 보려고 한다.

1) Early Decision(ED): 1지망 대학에 대한 확고한 의지

Early Decision은 지원자가 특정 대학을 '1지망'으로 선택해 조기에 지원하는 방식으로 이 제도의 가장 큰 특징은 '구속력'에 있다. 무슨 뜻인가 하면, 만약 지원한 대학에 합격하면 반드시 그 대학에 등록해야 하며, 다른 모든 대학의 지원을 철회해야 한다. 이 때문에 ED는 그 대학이 진정한 드림스쿨일 경우에만 신중히 선택해야 한다는 것을 기억하자.

보통 마감일은 11월 1일 또는 15일이며, 결과는 12월 중순에 발표된다. 일부 대학은 ED II라는 두 번째 조기결정 라운드를 제공하는데, 이 경우 지원 마감일이 1월 초이며 결과는 2월경 발표된다. 이는 ED I에서 불합격했거나 지원하지 않은 학생들에게 추가 기회를 제공하는 방식이다.

ED의 가장 큰 장점 중 하나는 합격률이 정기지원보다 높다는 점이다. 이는 대학이 '지원하면 반드시 입학하는 학생'을 선호하기 때문이다. 실제로 많은 명문대학들이 ED 지원자에게 높은 합격률을 제공하고 있다. 예를 들어, 어떤 대학은 ED 합격률이 30%에 달하지만 RD에서는 10%가 되지 않기도 하다.

그러나 ED도 단점이 있다. 합격 시 등록이 의무이기 때문에, 재정 지원(Financial Aid)을 비교할 수 있는 기회가 없다. 만약 해당 대학의 재정 지원이 충분하지 않다고 판단되면, 등록 의무를 해지할 수는 있으나 이 과정은 어렵고 다른 대학 입시에 영향을 줄 수 있다. 따라서 ED는 성적, 입학 의지, 경제 상황을 모두 고려한 신중한 전략이어야만 한다.

2) Early Action(EA): 빠른 결과, 자유로운 결정

Early Action은 조기에 지원하지만, ED와 달리 합격해도 등록해야 할 의무가 없는 '비구속적' 방식이다. 학생은 EA로 여러 대학에 동시에 지원할 수 있으며, 합격 여부는 12월 중순에 알 수 있다. 지원 마감일은 보통 11월 1일이나 15일이다.

EA의 가장 큰 장점은 빠르게 결과를 받을 수 있다는 점과, 합격 후에도 다른 대학들과 재정 지원 패키지를 비교하면서 결정을 내릴 수 있다는 유연함이다. EA는 ED처럼 경쟁이 치열하긴 하지만, 등록 의무가 없기 때문에 부담이 덜하다. EA로 여러 학교에 지원하고, 그중 한 곳에서 조기 합격을 받아두면 심리적 안정감을 느낄 수 있기 때문이다.

EA는 특히 고등학교 3학년 초반까지 우수한 성적을 유지하고, 지원 준비가 빨리 끝난 학생들에게 유리한 전략이다. 또한 재정 지원 비교가 중요한 학생에게도 추천할 수 있는 방식이다.

다만, 몇몇 명문대학은 EA 중에서도 '제한적 조기지원(Restrictive Early Action, 또는 Single-Choice Early Action)'이라는 형태를 채택하고 있다. 이는

Harvard, Yale, Princeton, Stanford 등에서 볼 수 있는 방식으로, 해당 대학에 EA로 지원하는 동안 다른 사립대에는 ED나 EA로 지원할 수 없다. 단, 주립대에는 EA 지원이 가능하다.

3) Regular Decision(RD): 가장 전통적인 방식

Regular Decision은 대부분의 학생이 선택하는 전통적인 지원 방식으로, 구속력이 없으며 다양한 대학에 자유롭게 지원할 수 있다. 지원 마감일은 보통 1월 1일에서 15일 사이이며, 합격 결과는 3월 말에서 4월 초에 발표된다. 등록 여부 결정 마감일은 모든 대학이 공통적으로 5월 1일이다.

RD는 준비 시간이 많다는 점이 가장 큰 장점이다. 학생은 고등학교 마지막 학기까지 성적을 관리할 수 있고, 에세이와 추천서도 충분한 시간을 들여 준비할 수 있다. 또한 여러 대학으로부터 재정 지원 제안을 받은 후, 가장 유리한 조건의 학교를 선택할 수 있는 폭이 넓다.

반면, RD의 경쟁률은 ED나 EA보다 높은 편임을 기억하자. 대학 입장에서는 등록 가능성이 불확실한 RD 지원자보다, 입학 가능성이 높은 조기 지원자를 우선으로 평가하는 경향이 있기 때문이다. 따라서 상위권 대학을 목표로 하는 학생이라면 RD만으로는 입시에서 불리할 수 있다.

4) Rolling Admission: 유연하지만 빠른 판단이 필요
5) 마무리: 어떤 방식이 나에게 적합할까?

Rolling Admission은 정해진 마감일 없이, 대학이 접수된 지원서를 순차적으로 심사하고 결과를 빠르게 통보하는 방식이다. 이 제도를 운영하는 대학은 지원을 받는 즉시 평가를 시작하며, 결과는 대개 4~6주 이내에 받을 수 있다.

가장 큰 장점은 지원 시기에 유연성이 있다는 점이다. 학생은 자신의 준비 상태에 맞춰 지원 시기를 조절할 수 있고, 조기 합격을 통해 입시 스트레스를 줄일 수 있다. 일부 대학은 9월부터 다음 해 봄까지 Rolling Admission을 운영하기 때문에 늦게 대학을 결정한 학생에게도 기회가 주어진다.

하지만 이 방식은 '선착순'의 성격을 가지고 있어 조기 지원자가 유리하다. 인기가 많은 전공이나 프로그램은 정원이 일찍 차버릴 수 있으므로, 가능한 한 빠른 지원이 중요하다. Rolling Admission은 특히 '안전 지원(safety school)'으로 간주되는 대학을 확보할 때 매우 유용하다.

그렇다면 미국대학 지원 시 어떤 방식이 나에게 적합할까?

각 지원 방식은 나름의 장단점이 있으며, 학생의 목표 대학, 학업 성취도, 준비 시기, 재정 상황에 따라 최적의 전략이 달라진다. ED는 1지망 대학이 명확하고 재정 부담이 덜한 경우에 유리하며, EA는 성적이 뛰어나고 조기 지원 준비가 가능한 학생에게 적합하다. RD는 안정적이고 다양한 옵션을 두고 판단하고 싶은 경우, Rolling Admission은 유연성과 빠른 합격 확인을 원하는 학생에게 적합하다.

지원 방식은 단순히 '언제' 제출하느냐의 문제가 아니라, '어떻게 전략을 짜느냐'의 문제이다. 따라서 각 방식의 특성을 잘 이해하고, 스스로의 상황에 맞게 선택하는 것이 성공적인 대학 입시의 출발점이 될 것이다.

6. 고득점 SAT 공부 방법 알아보기

국제 학생에게 SAT는 매우 중요한 입시 준비 중 하나이다.

간혹 SAT를 대신하는 AP나 IB로 평가를 해 주는 대학도 많아졌지만 SAT는 여전히 국제 학생에게 합격과 장학금 받기에 필요한 중요한 요소이다.

그런 이유로 필자가 학생들을 지도하면서 가정 SAT 공부에 도움이 되는 공부 방법을 나름 정리해왔고 그것들을 이제 공유하려고 한다.

아마 SAT를 준비하는 학생들에게 많은 도움이 될 거라고 자부한다. 물론 학생마다 자신에게 잘 맞는 적절한 공부 방법이 서로 다르겠지만 지금 제공하는 방법을 약간 자신에 맞도록 변경하여 공부해 나가면 좋은 결과가 있을 것으로 판단하므로 잘 살펴보고 자신만의 공부 계획을 세워보기 바란다.

1) SAT 준비 여부 결정

• 영어 실력 점검

SAT는 고난도 어휘와 빠른 독해를 요구한다. 토플(Toefl)이나 듀오링고(Duolingo Test) 등으로도 영어 능력을 증명할 수 있으니, 자신에게 지나치게 무리가 되는 영어 실력이라면 SAT 대신 이들 시험을 선택하는 것이 합리적일 수 있다.

• 학년별 고려사항

12학년 중후반에 영어 어휘가 충분치 않다면 SAT 준비는 쉽지 않다. 9~10학년이라면 어휘력 강화와 수학 기초를 다진 뒤, 10학년에 본격적으로 SAT 공부를 시작하는 것을 추천한다.

2) SAT 고득점 학습 단계별 방법

- 모의 테스트 경험하기
    - College Board 공식 모의고사 혹은 시중 교재의 실전 테스트를 풀어 봐야 한다.
    - 국제 학생은 모두 Digital Test 방식이므로, 온라인 환경에서 연습하기.
- 기본서 1권 선택 & 첫 풀기
    - 난이도가 비교적 낮은 교재부터 시작해 차차 높은 난이도로 옮겨 가는 것을 권장한다.
    - 첫 번째 풀이는 '시간 제한 없이' 읽고 푸는 데 집중하여야 한다.
    - Reading 파트에서 모르는 단어는 모두 수집하여, 영어 정의(예: attribute = "a construct whereby objects or individuals can be distinguished")로 암기해 보기 바란다.
- 시간 관리 연습
    - 같은 교재를 두 번째로 풀 때는 실제 시험 시간에 맞춰 풀어 본다.
    - 부족한 시간에도 끝까지 풀고, 채점 후 오답 노트를 작성해 정확한 이해를 돕는 것이 필요하다.

- Full Test 실전 연습
    - 세 번째 풀기에서는 Reading과 Math를 쉬는 시간만 지키며 한 번에 풀어 보아야 한다.
    - 풀고 나면 반드시 채점하고, 오답 노트를 보강하여 완전 정복하여야 한다.

- 기본서 2~3권 반복 학습
    - 위 과정을 2권, 3권 순서로 동일하게 반복한다.
- 오답 노트 최종 정리
    - 3권까지 모두 학습한 뒤, 작성해 둔 오답 노트를 차례대로 복습하라.
- 장기 학습 전략 & 유의사항

  SAT는 단기간 점수 상승이 어려운 시험이다. 특히 Reading에서는 방대한 고전 어휘가 요구되어, 빠른 독해 연습이 필수적이다. 9학년 때는 다양한 영어 원서 독서와 수학 기초 다지기에 집중하기 바란다. 10학년에 들어 본격적으로 SAT 공부를 시작하면, 1500점 이상 고득점도 충분히 노려볼 수 있다. 위 방법을 충실히 따라도 개인 차가 있으므로, 항상 자신의 학습 속도와 목표 점수를 고려해 계획을 조정하여 잘 실행하기 바란다.

  이 가이드를 바탕으로 자신만의 SAT 공부 로드맵을 만들어 꾸준히 실천하면 1500점 이상의 고득점도 결코 어려운 목표가 아닐 것이다!

  위에 설명한 것을 보면 해 보지 않아도 많은 시간이 필요하다는 것을 알 수 있을 것이다. 이처럼 SAT는 단시간 준비가 힘든 시험이다. 그 이유는 그 문제를 잘 알더라도 문제를 푸는 시간이 무척 촉박하기 때문에 문제를 읽고 파악하여 생각하고 문제를 풀기에는 시간이 부족하다. 특히 한국 학생의 경우에는 단어를 충분히 공부한 학생들이 많지 않고 어려서부터 영어를 생활화하고 영어로 된 책을 많이 읽을 기회가 없어서 빠른 독해가 매우 어렵다. 그러므로 많은 고전적인 단어를 알아야 하는 SAT reading 시험이 무척 어려울 수밖에 없다. 만약 아직 9학년 10학년이고 앞으로 미국대학 지원을 준비하고 있다면 많은 책을 읽도록 권한다. 이런 학생들의 경우에는 나중에 SAT test를 어렵지 않게 고득점 1500점 이상을 받는 것을 많이 경험해 왔다. 필자는 상담하는 9학년에게 항상 책을 많이 읽으라고 조언한다. 그 이유에는 물론 다른 이유도 있지만 고득점 Sat를 염두에 두고 하는 말이기도 하다. 그러므로 Sat를 할 계획이 있다면 가능하면 10학년부터 준비를 시작하도록 하는 것이 좋다. 9학년부터 하는 학생의 경우에는 수학 실력이 충분히 준비되어 있지 않으면 어려움이 있어 많은 시간이 지나도 점수를 빠르게 올리기는 어려울 수 있으므로 가능하면 9학년에는 많은 책을 읽어 두고, 10학년에 집중적으로 준비해 나가는 것이 조금 더 수월하다. 그전에는 영어책을 열심히 읽고, 수학 실력을 키우도록 하는 것이 좋다.

(준비 과정에는 개인차가 있으므로 아주 실력이 뛰어난 학생의 경우는 더 일찍 시작하여 10학년에 시험 점수를 다 마무리하는 경우도 있다.)

V. 미국대학 원서 에세이 작성의 tip

　대학 입시를 준비하는 학생들에게 에세이는 자신의 글쓰기 능력을 보여주고 자신의 독특한 목소리를 나타낼 수 있는 방법 중 하나이다. 전문가들은 학생들이 에세이 작성을 시작하기 가장 좋은 시기는 11학년을 마치고 12학년이 되기 전 여름방학이라고 말한다. 에세이 작성을 일찍 시작하면 학생들은 대학 지원 마감일 이전에 여러 에세이 초안을 작성할 수 있는 충분한 시간을 얻을 수 있기 때문이다. 특히 얼리(Early Decision, Early Action)로 지원하는 학생들의 경우 대부분의 원서 마감일이 11월 초이기 때문에 이 시기를 놓치지 않고 에세이 작성에 충분한 시간을 들이는 것이 중요하다고 할 수 있다.

　1) 시작하기
　대학 원서 에세이 뿐 아니라 대부분의 에세이 작성 과정의 첫 번째이자 때로는 가장 어려운 단계는 무엇에 대해 쓸지 파악하는 것이다. 에세이의 첫 번째 초안이 완벽할 필요는 없다.
　물론 작문을 시작하기 전에 에세이의 개요를 작성하는 것을 권장하지만 어떤 것에 대해 작성할지 정하는 것이 어렵다면 머릿속에 떠오르는 것들을 종이에 모두 나열해 보는 것도 좋은 방법 중 하나이다.
　특히, 학생이 지금까지 살아왔던 자신의 인생을 돌아보며 기억에 남는 사건이나 자신을 변화시킨 사건이 있다면 그런 일들을 나열하는 것으로 시작하길 추천한다.

2) 주제와 지침을 이해하기

작문을 시작하기 전, 지원하는 대학이 원하는 것이 무엇인지 이해하는 시간을 반드시 가져야 한다. 가장 최악의 일은 주어진 주제와 지침을 정확하게 확인하지 않고 대학이 말하는 요구 사항에도 맞지 않는 에세이를 작성해 제출하는 것이다. 왜냐하면 에세이 지침을 따르지 않으면 이런 에세이를 보는 입학 사정관은 작성자가 대학에서도 수업이든 프로그램이든 그 안에서 지시를 따를 수 없다고 가정할 수 있기 때문이다.

또한 일반적으로 대학 지원서에는 학생이 선택할 수 있는 몇 가지의 에세이 주제가 있다. 따라서 각 대학에서 주어진 에세이 주제, 그리고 자신이 적고자 하는 에세이 주제를 적어도 2-3번 읽어보자. 그렇게 주제를 곱씹은 후 단어제한 수에 맞춰 작성하는 것이 중요하다. 에세이 주제와 단어 제한 수는 각 대학의 홈페이지 또는 Common App에서 확인할 수 있다.

Common App에서는 에세이를 약 650 단어로 제안하며 아래 7가지 질문/주제 중 하나를 골라 작성하라고 나와있습니다.

- Some students have a background, identity, interest, or talent that is so meaningful they believe their application would be incomplete without it. If this sounds like you, then please share your story.
- The lessons we take from obstacles we encounter can be fundamental to later success. Recount a time when you faced a challenge, setback, or failure. How

did it affect you, and what did you learn from the experience?
- Reflect on a time when you questioned or challenged a belief or idea. What prompted your thinking? What was the outcome?
- Reflect on something that someone has done for you that has made you happy or thankful in a surprising way. How has this gratitude affected or motivated you?
- Discuss an accomplishment, event, or realization that sparked a period of personal growth and a new understanding of yourself or others.
- Describe a topic, idea, or concept you find so engaging that it makes you lose all track of time. Why does it captivate you?
- Share an essay on any topic of your choice. It can be one you've already written, one that responds to a different prompt, or one of your own designs.

3) 인상적인 서론

대학 원서 에세이 작성 시, 대부분의 학생들이 서론을 작성하는 데 있어서 어려움을 겪는 경우가 많다. 시작하는 단어를 찾고 첫 문장을 작성하는 것이 가장 어려운 부분이 될 수 있다. 입학 사정관은 학생들의 에세이를 검토하는데 짧은 시간만 할애하므로 생생한 문단으로 시작해야 한다. 서론 문단에서 독자 또는 입학 사정관의 관심을 불러일으키고, 다른 지원자들의 에세이와 즉시 차별화할 수 있는 무대이기 때문이다. 따라서 서론 작성 시 에세이의 다른 부분보다 더 많은 시간을 투자하는 것은 좋은 생각이며 그만큼 중요하다고 말하고 싶다.

4) 자신에게 집중하기

에세이 주제는 일반적으로 다양하고 개방적인 질문을 제공함으로써 자유를 주지만 입학 사정관들은 에세이 작성자가 개인적이고 작성자 본인에게 특별한 주제를 정하고 집중하기를 기대한다. 입학 사정관들은 학생의 대학 지원서 모든 부분을 읽어도 결코 알 수 없는 지원자에 대한 정보를 알고 배울 수 있는 에세이가 바로 최고의 에세이라고 말한다. 따라서 지원서에 작성하는 정보를 알려주는 에세이가 아닌 자신의 진정한 신념을 드러내고 새로운 모습들을 보여줄 수 있는 에세이를 작성하자.

5) 구체적이고 사실적으로 서술하기

대학 지원 에세이는 기본적으로 학생의 마음이 어떻게 작동하는지 그리고 작성자가 세상을 보는 방식을 엿볼 수 있는 부분이다. 그렇기 때문에 실제 본인의 경험을 활용하는 것이 중요하다. 에세이는 작성하고자 하는 것들이 왜 본인에게 그토록 큰 의미가 있는지 설명할 시간과 공간을 제공한다. 구체적인 세부 사항과 예시도 포함해야 하지만 과장하고 꾸며내려는 충동은 억제해야 한다. 개인적인 경험을 토대로 진정으로 자신에게 동기를 부여하는 것이 무엇인지를 알고 사실적인 에세이를 작성해야 한다. 그렇지만 단순히 성취와 활동 목록을 제공하는 것이 아니라 장면을 설정하고 일화를 제공하여 보여주는 에세이를 작성하자.

6) 다른 사람들에게 에세이 읽어 달라고 요청하기

오타, 철자 및 문법 오류가 없는지 몇 번이고 확인하는 과정은 반드시 필요하다. 그러나 몇 번씩 확인하는 과정이 있음에도 아직 읽어보지 못한 사람에게 한 번 읽어봐 달라고 요청하는 것 또한 매우 중요하다. 그 사람은 작성자인 학생 본인이 보지 못한 실수를 볼 가능성이 높기 때문이다. 자신을 잘 아는 분에게 부탁한다면 실수를 잡아줄 수 있을 뿐만 아니라 작성한 글이 본인과 비슷한 지 확인할 수도 있다. 따라서 다른 사람의 도움을 받는 것이 필요하며 읽어 봐 달라고 부탁한 독자에게 에세이에서 작성자에 대해 무엇을 얻었는지 물어보고 본인이 드러내고 표현하고자 했던 것을 볼 수 있었는지를 확인하는 것 또한 잊지 말자.

Ⅵ. 미국대학 지원에 유리한 활동은?

커먼 앱(Common Application)은 미국 대학 지원 시 작성해야 할 지원서로 대부분의 대학들이 이 원서를 통해 입학 지원서를 받는다. 지원자의 개인 정보, 가족에 대한 정보, 학교 및 성적 등 작성해야 하는 모든 부분이 다 중요하지만 그중 특별히 더 신경 써야 할 부분이 있다면 바로 활동에 대해 작성하는 Activities와 메인 에세이인 Personal Essay라고 할 수 있을 것이다.

1. 커먼 앱에서 작성해야 할 활동에 관한 내용

먼저 작성하고 싶은 활동이 있는지에 대한 질문이 나오고 예(yes) 또는 아니오(no)로 대답을 해야 한다. 참여한 활동이 소수이더라도 반드시 yes로 체크 후 활동들을 작성하는 것이 좋다. 커먼 앱에 작성해 넣을 수 있는 활동의 개수는 최대 10개이고, 각 활동에 대해서 아래의 9가지 내용을 작성해야 하면 된다.

- 활동 종류(Activity type)
- 직위 및 리더십 설명(Position/Ledership description)
- 기관 이름(Organization name)
- 활동에 대한 설명(Activity description)
- 활동 참여 시 학년(Participation grade levels)

- 참여한 시간(Timing of Participation)
- 주당 참여한 시간(Hours spent per week)
- 연간 참여한 주수(Weeks spent per year)
- 대학에서도 비슷한 활동에 참여할지에 대한 질문(I intend to participate in a similar activity in college)

2. 어떤 활동들을 작성해 넣는 것이 좋을까?

지금까지 했던 활동들 중 커먼 앱에 어떤 활동들을 적는 것이 좋을까?

먼저 학교 수업 시간 외에 했던 또는 하고 있는 모든 활동들을 생각해 내는 것이 첫 번째라 할 수 있다.

그리고 자신이 했던 많은 활동들 중 본인의 관심사가 드러나는 활동, 특히 지원하고자 하는 전공과 관련이 있는 활동이 있어야 하며 리더십과 주도성, 그리고 영향력을 보여주는 활동들을 적는 것이 좋다. 또한 나 자신의 발전 뿐만 아니라 다른 사람들의 필요를 채워주고 다른 사람들의 삶에 선한 영향력을 주기 위한 활동들로, 예를 들면 봉사활동도 잘 정리하여 꼼꼼하게 작성하도록 한다.

3. 어떻게 작성하는 것이 좋을까?

1) 구체적인 설명

활동이나 참여한 기관의 이름과 유형을 정확하게 작성해야 한다. 이름이 있다면 정확한 이름을 적고 불분명하면 어떤 종류의 활동이나 기관인지 이해할 수 있게 정의해야 한다. 활동이 일반적으로 줄어서 언급되는 경우 모든 입학 사정관이 수많은 활동들을 다 알고 있다고 생각하지 말고 모를 수도 있을 경우를 생각해 줄이지 않은 전체 이름을 기재해야 한다.

2) 작성 순서

활동 목록 작성 시 가장 중요한 활동을 시작으로 가장 덜 중요한 순으로 나열해야 하며, 중요한 직위나 리더십을 보여주는 활동들을 먼저 작성하도록 하라.

3) 활동에 참여한 시간과 기간

입학 사정관은 활동의 내용 뿐 아니라 활동에 참여한 시간과 기간도 주의 깊게 확인할 것이다. 따라서 참여한 시간과 기간을 작성할 때 말이 안 되는 숫자가 나오지 않게 계산을 잘하여 측정 가능한 시간과 기간을 작성하도록 하여야 한다.

4) 지속성

단기간보다는 장기간으로 참여한 활동들을 적는 것이 좋다. 단기간으로 한 활동을 여러 개 작성하는 것보다는 적은 수의 활동이라도 지속적으로 오랫동안 참여한 활동들을 작성하는 것이 조금 더 중요하게 보여진다고 할 수 있다.

5) 성장

참여한 활동을 통해 학문적으로 성장하고 발전했다면 인간적으로 어떻게 성장하였고 또 다른 사람들에게 영향을 끼쳤다면 어떻게 영향을 끼칠 수 있었는지를 잘 타낼 낼 수 있도록 작성하라.

4. 미국 대학이 선호하는 주요 비교과

1) 리더십 경험

학생회, 동아리 회장, 스포츠 팀 주장 등에서의 리더십 경험은 학생의 책임감과 조직 운영 능력을 보여준다. 대학들은 이러한 경험을 통해 학생이 캠퍼스 내에서 긍정적인 영향을 미칠 수 있는지를 평가한다고 할 수 있다.

2) 자원봉사 및 지역사회 참여

지역사회 봉사활동은 학생의 공감능력과 사회적 책임감을 나타낸다. 대학들은 이러한 활동을 통해 학생이 공동체에 어떻게 기여할 수 있는지를 파악한다.

3) 창의적 프로젝트 및 기업가 정신

자신만의 프로젝트를 시작하거나 소규모 비즈니스를 운영한 경험은 학생의 창의성과 문제 해결 능력을 강조하여야 한다. 이러한 활동은 학생이 새로운 아이디어를 실현하는 능력을 보여줄 수 있다.

4) 학술 대회 및 경시대회 참여

과학 올림피아드, 수학 경시대회, 토론 대회 등은 학생의 학문적 열정과 경쟁력을 나타낸다. 이러한 활동은 학생이 특정 분야에 대한 깊은 관심과 뛰어난 능력을 가지고 있음을 보여줄 수 있다.

5) 예술 및 체육 활동

음악, 미술, 연극, 스포츠 등에서의 활동은 학생의 창의성과 팀워크 능력을 강조한다. 특히 장기간에 걸친 참여와 성과는 학생의 헌신도를 보여줄 수 있다.

6) 인턴십 및 직업 경험

실제 업무 환경에서의 경험은 학생의 실용적 기술과 직업에 대한 이해도를 높인다. 대학들은 이러한 경험을 통해 학생이 현실 세계에서 어떻게 적용할 수 있는지를 평가한다.

5. 미국 대학이 선호하는 활동의 유형

리더십 및 주도적 활동
- 학생회 회장, 동아리 창립 또는 운영, 봉사활동 조직 등
- 단순한 참여보다 조직, 기획, 리더 역할을 강조하는 활동이 높게 평가됨
- 예: 지역 환경 보호 캠페인을 직접 조직하고 지역 언론에 소개됨

학업 연계 활동(Academic-Oriented)
- 과학 연구, 논문 작성, 경시대회(AMC, USABO 등), 온라인 강좌 수강 후 프로젝트 진행 등
- 전공과 관련 있는 활동일수록 더 설득력 있음

- 예: 컴퓨터공학 희망 학생이 인공지능 모델을 개발하고 GitHub에 오픈소스로 공개

창의적 활동

- 음악, 미술, 영상 제작, 글쓰기, 연극 등 예술 분야 활동
- 독창성과 자기표현이 강한 활동일수록 유리
- 예: 자작 시집 출판 또는 개인 YouTube 채널을 통한 교육 콘텐츠 제작

봉사활동 및 지역사회 기여

- 병원, 노인복지관, 지역 도서관 등에서의 자원봉사
- 단기 활동보다 장기적이고 지속적인 참여가 중요
- 예: 저소득층 아이들을 위한 무료 영어 튜터링을 2년간 꾸준히 진행

인턴십 및 직무 경험

- 본인의 진로와 관련된 실제 현장 경험
- 스타트업, 연구소, 병원 등에서의 인턴십은 특히 STEM 희망자에게 유리

6. 성공적인 활동으로 평가받기 위한 3가지 핵심 요소

Impact(영향력)

- 활동이 다른 사람이나 커뮤니티에 미친 긍정적인 영향이 강조되어야 함
- 단순히 참가한 것이 아니라 어떤 변화를 만들었는지가 중요

Initiative(주도성)
- 기회가 주어졌기 때문이 아니라, 스스로 만들고 실행한 활동은 대학들이 매우 높게 평가함
- 예: 기존에 없던 독서모임을 학교에서 조직해 정기적으로 운영

Depth over Breadth(깊이 vs. 넓이)
- 여러 활동을 얕게 경험한 것보다, 한두 개 활동을 깊이 있게 지속한 것이 더 좋음
- 일관성과 헌신을 보여주는 것이 중요

7. 아이비 대학 합격생의 비교과 활동의 중요 요소

1) 리더십과 주도성

단순한 회원이 아닌, 조직을 이끌거나 새로운 프로젝트를 주도한 경험은 중요하다. 예를 들어, 동아리 회장으로서 새로운 프로그램을 기획하거나, 지역 사회를 위한 봉사 활동을 조직하는 등 자발적으로 변화를 이끈 경험이 강조된다. 이는 학생의 책임감과 영향력을 보여주는 지표로 작용 되기 때문이다.

2) 지속성과 헌신

여러 활동에 얕게 참여하기보다는, 특정 분야에 오랜 기간 몰두하여 깊이 있는 전문성을 쌓는 것이 중요하다. 예를 들어, 3년 이상 과학 연구 프로젝트에 참여하거나, 지역 사회 봉사 활동을 지속적으로 이어가는 등의 지속적인 노력이 높은 평가를 받는다.

3) 창의성과 혁신성

기존의 틀을 넘어 새로운 아이디어를 실현한 경험은 큰 가치를 지닌다. 예를 들어, 독창적인 앱을 개발하거나, 사회적 문제 해결을 위한 캠페인을 주도하는 등 창의적인 접근과 실행력이 중요하게 평가된다.

4) 사회적 영향력

자신의 활동이 지역 사회나 더 넓은 공동체에 긍정적인 영향을 미친 사례는 중요하다. 예를 들어, 지역 사회의 문제를 해결하기 위한 프로젝트를 기획하고 실행하거나, 봉사 활동을 통해 실질적인 변화를 이끈 경험 등이 이에 해당된다.

위에서 살펴 본바와 같이 아이비 리그 대학들은 단순한 참여보다는 깊이 있는 몰입과 구체적인 성과를 보여주는 비교과 활동을 높이 평가한다고 할 수 있다. 학생들은 자신의 열정과 관심사를 바탕으로 지속적인 노력과 창의적인 접근을 통해 사회에 긍정적인 영향을 미치는 활동을 추구해야 한다. 이를 통해 대학 입학 사정관들에게 강한 인상을 남기고, 합격 가능성을 높일 수 있도록 하여야 한다.

Ⅷ. 아이비리그 대학, 명문 대학 합격생 스펙

하버드 대학 합격생

- GPA 4.2(weighted)
- AP 7개 과목
- SAT 1570
- 지원 방법: Regular 지원
- 학교 – 소규모 사립 국제학교
- 대표적인 활동 – 학생회장 등 다수

M.I.T 합격생

- GPA 4.3
- AP 5개 과목
- SAT 1540
- 지원방법: Early Action
- 대표적인 학교 –유명 일반 사립고등학교 국제 반
- 대표적인 활동 – 유명 수학적인 대회(올림피아드)에서 2등상 수상

Stanford University

- GPA 4.3
- AP 8개 과목

- SAT 1600
- 지원방법: Regular 지원
- 학교 – 서울 소규모 사립 국제학교
- 대표적인 활동 – 학교 외 활동 다수, 과학 대회참여 수상

Princeton University
- GPA 4.3
- AP 8개 과목
- SAT 1590
- 지원방법: Regular 지원
- 학교 – 용산에 위치한 유명 국제학교
- 대표적인 활동 – 학교의 활동 다수, 에세이 대회 수상 등

Yale University
- GPA 4.2
- AP 6과목(4점이상 과목)
- SAT 1560
- 지원방법: Regular지원
- 학교 – 용산 위치한 유명 국제학교
- 대표적인 활동 – 다수의 활동이 있으나 아주 특이한 활동은 없음

University of Pennsylvania
- GPA 4.0

- AP 5개 과목
- ACT 33점
- 지원 방법: Regular지원
- 학교 – 세종에 위치한 국제학교
- 대표적인 활동 – 미국에서 9학년 유학시에 과학대회 수상, 에세이 대회 수상

Colombia University

- GPA 4.45
- AP 7개 과목
- SAT 1570
- 지원 방법: early decision
- 학교 – 미국 일반 고등학교
- 대표적인 활동 – 미국에서 과학대회 수상, 수학경시대회 수상

University of Michigan

- GPA 3.8
- AP 4개 과목
- SAT 1450
- 지원 방법: Early Action
- 학교 – 미국 일반 공립 고등학교
- 대표적인 활동 – 주목할 만한 활동은 없음

New York University

- GPA 3.9

- AP 5개 과목

- ACT 32

- 지원방법: Early Decision

- 학교 – 국내 소규모 일산에 위치한 기독학교

- 대표적인 활동 – violin 연주 대회 수상, 학교내 활동 약간

Jhons Hopkins University

- GPA 4.2

- AP 6개 과목

- SAT 1520

- 지원방법 – Early Decision

- 학교 – 미국 사립 고등학교

- 대표적인 활동 – 약간의 작은 대회 수상경력 있으며, 교내 활동 다수

(위에서 제시한 합격생의 AP 과목수는 점수가 4점 이상이다.)

부록

미국대학 합격 리스트와 장학금 액수

미국 대학 지원 합격 대학 리스트(2017~2024)

필자가 수년간 이룩한 미국 대학 합격 대학 리스트와 재정보조 신청으로 인해 얻은 장학금 획득 결과이므로 참고하시길 바란다.

아래는 합격한 대학교의 리스트이며 ( ) 안에는 그 대학에서 재정 보조 신청을 한 경우 획득한 장학금 1년 액수이며, 이 금액은 4년 동안 제공되므로 총 4년 동안 받게 되는 장학금 액수는 제시한 액수의 4배를 하면 된다.

1	Harvard University(46000불)
2	M.I.T(54000불)
3	Princeton University
4	Stanford University(63000불)
5	Yale University(54000불)
6	Columbia University(36000불)
7	Johns Hopkins University(재정 신청 안 함, 고소득자)
8	New York University(57000불)
9	Vassar University(52000불)
10	University of Pennsylvania
11	Cornell University
12	Northwestern University(4,5000불)
13	University of Chicago
14	University of Michigan - Ann Arbor
15	UIUC
16	UCLA
17	UC-Berkeley
18	UC-Sandiego, Irvine, Davis
19	University of Richmond(48000불)
20	Vassar(52000불)

21	Purdue
22	Pratt Institute technology - 건축학과
23	Tufts University - 건축학과
24	Parsons - 사진학과
25	Boston University
26	Northeastern University(28000불)
27	University of Wisconsin
28	University of Washington
29	College of Wooster(56000불)
30	Earlham University(49000불)
31	Georgia State(full scholarship)
32	SUNY - Binghamton
33	SUNY - Buffalo
34	Penn State University
35	Rutgers University(New Jersey State University)
36	RISD - 미술 전공

(그 외 많은 합격한 주립대학과 장학금 수여 Liberal Arts College의 결과는 지면 관계상 생략함을 양해해 주시기 바란다.)

부록

건축 전공 대학 알아보기

미국 대학의 건축 전공은 매우 인기가 있으며 합격도 다른 전공에 비해 어렵다 할 수 있다.

그만큼 학생이 건축 전공을 하려 한다면 늦지 않게 준비해 나가야 할 전공 중 하나라는 것이다.

건축 전공은 공부만 잘한다고 좋은 대학에 합격할 수 있는 것이 아니기 때문에 늦어도 건축 전공을 하려 한다면 10학년부터 준비를 해 나가야 할 것이다.

미국 대학 중 건축 전공이 우수한 대학의 순위는 조사하는 기관에 따라 약간의 차이가 약간 있으나 대체로 아래와 같다.

미국의 건축 우수대학 순위 - Best architecture schools - QS Rankings

1	Massachusetts Institute of Technology(MIT)
2	Harvard University
3	University of California, Berkeley(UCB)
4	Columbia University
5	University of California, Los Angeles(UCLA)
6	Georgia Institute of Technology(Georgia Tech)
7	Cornell University
8	University of Pennsylvania
9	University of Michigan - Ann Arbor
10	Stanford University

미국의 건축 우수대학 순위 Best architecture schools in the US - World University Rankings

1	Massachusetts Institute of Technology(MIT)
2	Harvard University
3	Princeton University
4	University of California, Berkeley(UCB)
5	Columbia University
6	Yale University
7	University of California, Los Angeles(UCLA)
8	University of Pennsylvania
9	University of Michigan - Ann Arbor
10	New York University

미국의 건축 우수대학 순위-Best architecture schools in the US - Niche Rankings

1	Rice University
2	Cornell University
3	Washington University in St. Louis
4	University of Southern California
5	Yale University
6	Massachusetts Institute of Technology
7	University of California, Berkeley
8	Southern California Institute of Architecture
9	Columbia University
10	University of Notre Dame

위에서 살펴본 바와 같이 순위는 약간의 차이가 있으며 절대적이지는 않다는 것을 참고하기 바란다.

그렇다면 이러한 우수한 미국 대학에 합격하기 위해서는 어떤 요소들이 필요할지 저의 컨설팅 경험을 바탕으로 간단하게 정리해 보겠다.

- Academic record - 모든 전공에서 요구하고 기본이 되는 성적을 갖추도록 한다.
- Essay - 대학의 요구에 따른 적절한 에세이를 준비하라.
- 9학년부터 건축 전공에 도움이 되는 활동과 자신의 역량을 잘 나타낼 수 있는 활

동, 봉사 등에 참여하는 것이 좋다.
- 건축에서 가장 중요하고 필요한 포트폴리오 (portpolio)를 준비해 나가야 한다. - 이것은 짧은 기간에 완성이 어려우므로 시간이 될 때마다 하나씩 차분하게 기본 포트폴리오를 준비해 두어야 하며 지원할 대학마다 요구하는 포트폴리오가 상이할 수 있으므로 건축 포트폴리오를 잘 준비하는 것은 합격에 아주 많은 영향을 미친다고 할 수 있다.

성적과 포트폴리오는 거의 같은 비율로 반영되며 심지어 포트폴리오를 더 중요하게 생각하는 명문 대학이 많다는 것을 명심하여야 한다.
두 학생의 예를 들어보겠다.
학생 A 와 학생 B를 비교해 보면

학생 A	학생 B
• 성적 GPA 3.8	• 성적 GPA 3.6
• AP 4개 - 4점 2개, 5점 2개	• AP 3개 - 4점 2개, 5점 1개
• 활동 아주 우수함	• 활동 평범함
• 포폴 준비 11학년 초부터 - 늦었음(포폴 준비가 완벽하지 않았고 포폴이 순수 미술 포폴과 비슷하였음)	• 포폴 준비 - 10학년 말부터 준비(건축 포폴에 맞는 많은 작품을 준비함)

두 학생을 비교하자만 건축을 전공한다면 학생 B가 성적에 비해 훨씬 좋은 대학으로부터 합격 소식을 받을 수 있다.
그러므로 건축 전공을 하길 원한다면 조금 일찍 미국 대학 컨설팅을 시작하여 포폴에 대한 계획도 먼저 세워서 준비해 나가길 권한다.
이상에서 미국대학지원에 관한 여러 정보를 다루었다.
위 내용에는 많은 대학들로 부터의 중요 자료와 필자의 경험을 바탕으로 가능한 중요한 자료를 담아내려 하였다.

다음 장에서는 미국대학 학비를 마련하기 위한 미국대학 장학금에 대해 알아보기로 하자.

★ ★ ★
Chapter 2

미국대학 장학금 정복하기

대부분의 미국 시민권자, 영주권자가 아닌 학생이나 학부모들은 미국 대학에서 주는 장학금을 과연 받을 수 있을까? 하는 기본적인 의구심을 가지고 있다.

물론 미국 대학으로부터 받아내는 적지 않은 액수의 장학금이 쉽게 받을 수 있는 것은 아니지만, 신분이 어떻든지 문을 두드리면 미국 대학은 장학금을 받을 수 있는 기회를 준다고 생각하면 된다.

필자는 지금까지 많은 미국 시민권자, 영주권자, 한국 국적 학생들의 미국 대학 진학과 함께 장학금을 받을 수 있도록 노력하고 있다. 또한 매해마다 많은 장학금을 받고 미국대학에 진학하여 열심히 공부하던 학생들이 이젠 어느덧 석사를 한다, 박사를 하게 되었다 하는 소식으로 기쁨을 맛보기도 한다. 이 장에서는 학부모들이 비싼 미국대학 학비에 대한 고민을 조금이나마 해결 할 수 있도록 미국대학 장학금 정보를 제공하고자 하였다.

Ⅰ. 미국대학 장학금의 종류

1. Need-Based Scholarship & Grant

학생·가정의 경제적 필요(prior financial need)를 평가하여 수여하는 장학금이다.

1) 연방 정부 지원 프로그램

- Pell Grant: 저소득 가정 학생 대상, 상환 불필요
- FSEOG(Federal Supplemental Educational Opportunity Grant)
- TEACH Grant 등

2) 주정부 지원 프로그램

- 주마다 별도 신청 양식·자격 요건 (예: 캘리포니아의 Cal Grant)

3) 개별 대학·기관 Need-Based Aid

- FAFSA(Free Application for Federal Student Aid)를 기반으로 산정
- 기숙사비·등록금·교재비 일부 또는 전액 지원
- 국제학생은 FAFSA 제출 불가하나, 일부 사립대에서 자체 Need-Based 예산을 운용하여 지급함
- 유학생 전용 Merit/Grant(Need-based scholarship) – 유학생들에게 신청 시 학생의 가정 형편을 고려하여 지급하며 여기에는 학교장 등의 merit scholarship과 대학의

Grant 등이 지급되며 역시 갚을 필요가 없는 장학금이다.
- 다수 사립대의 유학생 장학 프로그램
- 입학 원서 제출 시 별도 재정 지원 신청 필수

2. Merit-Based Scholarship

학업 성적·리더십·특기·재능 등을 근거로 선발하여 지급되는 것으로, 론을 포함하지 않는, 즉 갚을 필요가 없는 장학금이기도 하다.

상환 의무 없으며 장학금 조건을 잘 살펴, 입학 지원 시 별도 신청 필요 여부를 확인하여야 한다.

대학 자체 Merit 장학금

1) 입학 성적 기반 장학금-

입학 시 성적 등을 평가하여 우수한 입학생에게 지급하는 장학금

2) 전공·학과별 우수자 장학금

재학생에게 전공, 학과별 성적을 평가하여 지급하는 장학금

3) 특수 재능(예: 예술·음악·체육) 장학금

전공과 상관없이 특별한 예술적 재능이나 체육특기자 등에게 주어지는 장학금

외부 Merit 장학금

1) 본국 정부·기관 장학금
- 예) 사우디아라비아 정부의 전액 장학 프로그램(졸업 후 본국 복귀 의무 등 조건 있음)

2) 국제 기구 장학금(국적 무관)
- Fulbright Commission, UN, AMIDEAST, Soros Foundation, WHO

3. 기타 재원 조달 수단

장학금이 아닌 대안적 지원 옵션으로, 반드시 상환 조건·비자 규정을 꼼꼼히 확인해야 한다.

1) 학생 대출(Private Loans)
- Stafford/PLUS 대출은 국제학생 불가
- 민간 대출: 공동 서명자(co-signer)·높은 이자율 주의

2) 학업 중 취업(Work-Study/On-Campus Jobs)
- F-1 비자: 주당 최대 20시간, 캠퍼스 내 파트타임
- J-1 비자: 스폰서 허가 하에 일부 취업 가능
- M-1 비자: 취업 전면 금지

Tip: Need-based 지원은 가정 소득 평가가 필수이므로, 국제학생은 학교별 '국제학생용 재정 지원 정책'을 별도 확인하여야 한다.

Merit-based 장학금은 경쟁률이 높으므로 조기 지원(Early Action/Early Decision)과 별도 에세이 제출 등을 활용해 지원서를 차별화하는 것이 중요하다.

대출·취업은 최후의 선택지로 고려하되, 비자 규정 위반 시 불이익이 크니 반드시 본교 국제학생 오피스와 상담하는 것이 좋다.

Ⅱ. Merit scholarship

1) 시민권자, 영주권자의 Merit scholarship

미국 시민권자와 영주권자의 학생들에게는 매우 많은 장학금의 종류에서 신청 자격이 주어지는 것이 사실이다. 예를 들면 대학의 동문이나 기타 단체에서 수여하는 장학금 - 이 경우에는 외부장학금, 특정 단체의 장학금이 해당되며 해당 대학의 동문 이름을 건 장학금 등이 있으므로 잘 리서치해서 신청해 볼 필요가 있다. 이런 장학금은 학생의 우수한 장점을 보고 수여하는 것이므로 해당 장학금이 요구하는 것이 어떤 것인지 잘 알아보고 학생의 Academic한 특별한 우수성이나 운동 등의 특기나 기타 탤런트를 어필하도록 하여 장학금을 신청해 보는 것도 도움이 될 것이다.

1. 미국 시민권자 영주권자의 Merit scholarship

모든 미국 시민권자, 영주권자 학생들에게 신청자격이 주어지는 장학금으로, 아래에 다양한 단체로부터 제공되는 장학금과 신청 방법 등을 알아보자.

1) Abbott and Fenner Business Consultants Scholarship

모든 학부생, 대학원생에게 자격이 주어지며 500-1,000단어의 에세이 제출이 요구된다.

상금 - 1,000불

2) Account Spark STEM Scholarship

이 장학금은 미국 내 모든 공인 대학에서 데이터 과학 또는 데이터 분석(기계 학습에 중점을 둔 컴퓨터 과학 포함)을 공부하는 1세대 또는 2세대 아랍계 미국인 학부생을 지원하는 장학금이다.

상금 - 2,500불에서 10,000불 사이이며 최대 4년 동안 갱신하여 받을 수 있다.

3) AES Engineering Solutions Scholarship

모든 지원 학생에게 에세이가 요구된다.

상금 - 500불

4) AFSA Scholarship

미국 시민 및 합법적 거주자의 경우, 화재 스프링 쿨러에 대한 에세이를 읽은 후 온라인 객관적 퀴즈를 풀어야 하며 학생의 재정적 상황은 고려하지 않는다.

상금 - Award: 고등학생을 위한 2,000불의 장학금 10명, 이미 고등학교를 졸업한 학생들을 위해 1,000불을 3명에게 수여한다.

5) Almowafir Business Scholarship Fund

Almowafir Will은 현재 경영 대학원에 등록했거나 등록할 계획이 있는 학생 1명에게 1,000불의 장학금을 제공한다.

이 장학금은 경영 대학원 진학과 관련된 학생의 재정적 부담을 줄이기 위한 것이다.

이 장학금을 신청하려면 비즈니스 경력을 추가하는 이유에 대해 1,000자 이하의 에세이를 작성하여야 하며, 지역 사회 발전을 위해 학위를 어떻게 사용할 계획인지 과거에 자신이나 다른 사람을 위해 지역 사회에 봉사한 경험이 있다면, 그 경험으로 비즈니스 경력을 추구하기로 결정하는데 어떻게 도움이 되었는지 작성하면 된다.

상금 - 1,000불

6) BadCredit.org's Wealth Wise Scholarship

US 합법적 거주자이며 GPA 3.5 이상인 학생

전공이 Finance industry에 직업에 도움이 되는 전공(예를 들면 Finance, business, accounting, mathematics, management, 등)

현재 대학생이거나 입학을 허가 받고 다음해에 진학할 학생이어야 하며, 에세이 작성이 요구된다.

상금 - 1,000불

7) B. David Scholarship

모든 학생이 지원할 수 있으며 1,000words이하의 에세이 작성이 요구된다.

상금 - 1,000불

8) Bosterbio Scholarship for Young Scientists

생물학이나 생명공학과 관련된 2~4년 학업 프로그램을 추구하거나 지속하는데 관심이 있는 학생을 위한 장학금이다.

상금 - 열정적인 학생 1명에게 1,000불의 장학금 수여

9) Christianson Grant

미국 시민권자나 영주권자인 18세에서 28세 사이의 최소한 6달동안 인턴십이나 해외봉사 프로그램이나 일을 한 학생에게 주며, 독립적인 연구 프로그램이나 학습적인 해외학술 프로그램 참여, 선교사업 또는 종교적인 프로그램에는 지원하지 않는다.

상금 - 2,500불에서 10,000불 사이

10) Davis-Putter Scholarship Fund

미국에서 대학에 재학중인 학부생 및 졸업생이면 가능하며 시민권은 필요하지 않고 신청자가 시민권, 경제정의, 국제 연대 또는 기타 진보적 문제를 위한 투쟁에 적극적으로 참여했다는 증거를 보여 줄 수 있어야 한다.

상금 - 1,000불

11) Ford Foundation Diversity Fellowships

우수성, 다양성에 대한 헌신, 교수직에 대한 열망을 보여주는 학부 및 대학원생으로 미국시민권자에게 주어진다.

상금 - 최대 3년 동안 연간 20,000불 약 60명

약 35개 논문상으로 21,000불을 1년 약 35명이 수여

박사 후 과정상은 약 20명 1년 40,000불을 수여

12) Kayal Scholarship for Arab American Students in Social Sciences

사회 과학을 공부하는 열정적이고 재능 있는 아랍계 미국인/MENA(Middle East and North Africa region) 학부생을 지원하며 가족 중 처음으로

대학에 진학한 학생을 선호한다.

자격을 갖춘 학생은 미국 뉴저지 또는 NYC-Metro 지역의 공인된 대학에 진학해야 한다.

상금 - 1,000불~2,500불 최대 4년 수여

13) Life Lessons Scholarship Program

17세에서 24세 사이의 부모나 법적인 보호자가 돌아가신 법적인 미국 거주자 학생, 모든 학생은 에세이를 작성하거나 돌아가신 부모나 보호자가 그들의 삶에 미친 영향을 비디오로 제출하여야 한다.

상금 - 가장 우수한 에세이와 비디오를 제출한 최우수상은 10,000

1등은 5,000불 7명, 2등은 1,000불씩 45명에게 수여한다.

14) Roothbert Fund Scholarships

학부이거나 대학원생 중 어떤 전공이든 상관없이 우수한 학업 요건을 충족하고 교육분야의 직업을 고려한 사람에게 우선권이 주어진다.

상금 - 2,000~3,000불이며 다음 학년도에 대한 지원이 제공된다.

15) Schepp Foundation Scholarship

미국시민권자와 영주권자의 경우 재정적 필요, 학업 능력 및 모범적인 성격을 갖춘 full time 학생으로 30세 미만의 학부생과 40세 미만의 대학원생에게 열려 있다. 최소GPA 3.2를 넘어야 하며 NYC 인터뷰가 필요하다.

16) ZipRecruiter

18세이상의 합법적인 거주자로 공인된 고등학교, 대학에 학생으로 등록되어 있어야 한다. 취업 면접 후속 이메일을 위한 템플릿을 만들어야 한다.

상금 - 3,000불

For All Undergraduates(모든 대학 부 학생들 장학금)

1) Booster Scholarship

Full time 또는 상당한 시간의 part time으로 생물학 또는 의학 관련 연구실의 연구직에 수락되었음을 증명할 수 있는 학생의 경우(최소 두 학기 동안9학점 이상의 연구 작업을 한 학생)

상금 - 1,000불

2) Deputy Scholarship for Women in Technology

기술분야의 풀타임 학생을 대상으로 한다.

상금 - 2,000불

3) Womenetics Advancing Aspirations Global Scholarship

법적인 미거주자 성별 관계없이 모든 학부 학생이 신청 가능하며 2,500word에세이가 요구된다.

상금 - 두명의 일등상은 5,000불과 Annual vital Voices Global Awards Leadership에 참여하기 위해 Washington D.C 로 여행, 8명의 에세이 finalists는 1,500불을 받게 된다.

4) ACS Scholars Program

이 장학금을 받으려면 후보자는 미국 시민권자이거나 합법적인 미국 영주권자여야 한다. 아프리카 계 미국인/흑인, 히스패닉/라틴계 또는 아메리칸 인디언 중 화학, 생화학, 화학공학, 화학 기술 또는 기타 화학관련 과학을 전공으로 하거나 이미 전공할 계획이며 화학관련 과학 분야에서 경력을 쌓을 계획인 학생을 대상으로 한다.

상금 - 포상수와 포상 금액은 학년도, 입증된 재정적 필요, 사용 가능한 자금에 따라 결정된다

5) Banatao Family Filipino American Education Fund

전공이 Engineering, Mathematics, computer science, environmental, Physical science인 4년제 대학의 full time 수강자 중 GPA는 최소한 3.0을 넘어야 하고, 필리핀계의 신입 학생이여야 신청 가능하다.

상금 - 1,000불

6) Beacon® Scholarship for Rural America

이 장학금을 받으려면 지원자는 대학 진학 예정인 고등학교 3학년 또는 현재 대학생이어야 하며 신청자가 농촌 지역에 거주하여야 하며 저소득 기주에 충족해야 한다.

7) CSHEMA Scholarship

이 프로그램은 EHS 경력을 목표로 하는 전공- 환경과학, 화재예방, 보건 물리학, 산업공학, 산업위생, 직업보건, 안전등을 포함한 전공을 우선시하

며 등록하고 학기당 12학점을 수강하는 모든 대학생이 대상이다.

상금 - 3,000불

8) Environmental Engineering and Science Foundation Scholarships

이 장학금을 받으려면 지원자가 환경공학 또는 환경과학을 공부해야 한다.

상금 - 2,500불 4명에게 수여함

9) Lockheed Martin STEM Scholarship Program

이 장학금을 받으려면 지원자는 미국 시민이어야 하며, 현재 고등학교 또는 대학 신입생이고 항공우수공학, 전기 공학, 산업공학, 기계공학, 전기 및 컴퓨터 공학, 컴퓨터 과학, 시스템 공학, 수학, 물리학, 정보 시스템/경영 정보 시스템 또는 정보 보증을 전공하고 평점 GPA 2.5이상을 받아야 한다.

상금 - 10,000불

10) NANOG Scholarship Program

이 장학금 후보자는 컴퓨터 공학, 컴퓨터 과학, 전기공학 또는 네트워크 공학 분야 중 하나에서 학위를 취득하기 위해 최소 3.0 GPA를 취득한 고등학생이어야 한다.

상금 - 10,000불씩 4명에게 수여

For Incoming and Current Freshmen(입학을 앞둔 학생, 현재 신입생을 위한 장학금)

1) CIA Undergraduate Scholarship Program

입학 신입생, 현재 1학년과 2학년인 미국 시민권자에게 주는 장학금으로 고등학교 졸업생으로 그해 4월 18일에 신입생이 되는 학생으로 최소한 GPA 3.0, SAT 1500 또는 ACT 21을 넘어야 한다. 현재 대학생의 경우는 최소한 GPA 3.0이상이어야 하며, full-time학생이어야 한다.

모든 지원자는 4인 가족의 경우 가구 소득이 8만달러의 한도내 있어야 하며 재정적 필요성을 입증하여야 한다. 참가자는 여름에 워싱턴 D.C에서 일하게 된다.

수상 - 연봉, 복리후생 패키지, 수업료 또는 기타 학교 비용에 적용되는 최대 18,000불을 수여하며 워싱턴 D.C 왕복 여비와 여름 주택 수당도 제공된다.

For Sophomores(대학 2학년 들을 위한 장학금)

1) CIA Undergraduate Scholarship Program

위 신입생의 CIA Scholarship과 내용 같음

2) Humanity in Action Fellowship

모든 국적의 2학년, 3학년, 4학년 및 최근 졸업생이 대상임.

참가자들은 유럽에 5주를 보내며 차별과 저항의 국가적 역사와 오늘날 다양한 소수자 집단에 영향을 미치는 문제의 예를 탐구한다. 각 프로그램은 매우 학제적이며, 유명한 학자, 언론인, 정치인 및 활동가와 일일 강의와 토론, 그리고 정부기관, 비영리 및 지역 사회 조직, 박물관 및 기념관에 대한 현장 방문이 특징이다. 이 프로그램은 불의를 시정하기 위한 다양한 행동 모델을 강구하고자 생긴 프로그램이다.

상금 - 유럽의 숙박비와 프로그램 참여 비용이 포함되고, 항공료는 포함되지 않지만 재정적으로 필요성을 입증할 수 있는 학생은 제공될 수 있다. 식비도 제공되지만 학생들은 약 500달러정도를 여비로 가져가는 것이 좋다.

프로그램 참여 후에도 우수한 참가자는 여러 전문 펠로우십(fellowship)을 받을 자격도 준다.

For Juniors(3학년)

1) The Harry S. Truman Scholarship

이 권위 있는 상은 우수한 성적을 거둔 3학년을 대상으로 하며 지원자는 최소 GPA 3.7이상이어야 하며, 학급에서 상위 25%에 속해야 하고, 과거 지역 사회 및 공공 서비스를 했다는 것을 증명할 수 있어야 한다. 또한 뛰어난 리더십과 커뮤니케이션 기술을 보유해야 한다. Truman Scholars가 되는 지원자는 대학원 과정을 마친 후 7년 중 최소 3년 동안 공공 서비스 경력 경로에 참여해야 한다. 상금은 대학원 수준의 학업에 최대 30,000불

2) Humane Studies Fellowship Program

사회의 지적 및 제도적 기반을 연구하는 데 관심이 있는 뛰어난 3학년, 4학년 및 대학원생이 대상이며, 학업 성취도, 학술 분야에서 성공할 가능성, 펠로우십(fellowship) 사명과의 관련성 등을 기준으로 선발한다. 25달러의 신청수수료가 있으며 펠로우십은 미국, 캐나다 및 영국시민에게만 제공된다.

상금 - 100개 이상의 상이 미국 또는 해외에서 학부 또는 대학원 학업에 최대 12,000달러를 제공한다.

3) Wiesel Prize in Ethics Contest

에세이에서 복잡한 윤리적 문제를 분석하는데 관심이 있는 풀타임 3학년 또는 4학년이 대상이며, 웹사이트에서 제안된 주제 목록을 제공한다.

상금 - 1등은 5,000불, 2등은 2,500불, 3등은 1,500불

2개의 Honorable 상은 500불을 수여한다.

For Seniors(4학년)

1) Gates Cambridge Scholarship

Cambridge 대학에서 대학원 공부를 할 학생으로 현재 학부 4학년 학생 대상. 지원자는 최소 GPA 3.7이상이어야 하며 뛰어난 리더십의 경험, 다른 사람의 삶을 개선하고자 하는 의욕이 있는 학생을 선발하며, 국적은 영국이 아니여도 된다.

수상 - 모든 학비, 생활비 그리고 국제학생은 국제 교통비까지 포함된다.

2) Humane Studies Fellowship Program

자유 사회의 지적 및 제도적 기반을 연구하는 데 관심이 있는 뛰어난 3학년, 4학년 및 대학원생이 대상이며, 학업 성취도, 학술 분야에서 성공할 가능성, 펠로우십 사명과의 관련성 등을 기준으로 선발한다.

25달러의 신청수수료가 있으며 펠로우십은 미국, 캐나다 및 영국시민에게 제공된다.

상금 - 100개 이상의 상이 있으며, 미국 또는 해외에서 학부 또는 대학원 학업에 최대 12,000달러를 제공한다.

3) Marshall Scholarship

최소한 학업 성적이 GPA 3.7이상이며 뛰어난 leadership이나 봉사의 기록을 있어야 한다. 미국 시민권자 중 Oxford나 다른 영국 대학에서 공부하고 있는 4학년 학생이나 대학원에 관심이 있는 학생이 대상이며, 가장 권위있는 국가 장학금 중 하나이며, SHU(봉사단체 중 하나) 승인이 필요하다.

수상 - 수업료, 생활비 및 여행경비, 연구를 포함하여 영국에서의 2년간 학업을 지원하며, 매년 최대 40인에게 장학금이 수여된다.

4) Paul R. Flynn '90/M.P.A. '96 Memorial Scholarship

Seton Hall 학생에게만 제공되며 예술 및 과학 단과대학에서 전공으로 등록한 학생으로 3,4학년이 대상이고, 필요성을 입증하여야 하며, 지역 사회 봉사에 대한 헌신을 입증할 수 있어야 한다.

상금 - 학생 한 명 당 연간 12,500불 최대 25,000불. 상금은 3학년 2명 또는 3학년 1명과 4학년 2명에게 수여.

5) Soros Fellowship for New Americans

미국 시민권을 최근 얻은 졸업생, 또는 현재 대학원생으로 거주 외국인, 귀하 시민, 귀하 시민의 자녀가 대상이며, 지원자는 강력한 학업 성적, 창의성, 주도성, 성취 능력 및 미국 시민권의 가치와 이상에 대한 헌신을 입증해야 하며, 나이는 30세 이하여야 한다.

상금 - 30개의 펠로우십은 각각 최대 25,000불의 유지 보조금과 지원하는 대학원 과정의 각 학년에 대해 최대 20,000불의 수업료 지원을 제공하여 총 90,000에 달한다.

위를 간단한 표로 작성하면 아래와 같다.(이 자료는 2024년 정보이다. 지원 시 다시 한번 해당 년도의 정보를 확인하기 바란다.)

〈표 15〉 General Merit Scholarships (All Applicants)

장학금명	지원 자격	상금	주요 요구사항
Abbott and Fenner Business Consultants Scholarship	모든 학부·대학원생	$1,000	500-1,000단어 에세이
Account Spark STEM Scholarship	1세대·2세대 아랍계 미국인 학부생, 데이터 과학·분석 전공	$2,500-$10,000 (최대 4년 갱신)	-
AES Engineering Solutions Scholarship	모든 지원 학생	$500	에세이
AFSA Scholarship	미국 시민·합법 거주자	고등학생: $2,000×10명 졸업생: $1,000×3명	온라인 퀴즈 (화재 스프링 쿨러)
Almowafir Business Scholarship Fund	경영대학원 재학생·예정자	$1,000	1,000자 이하 에세이
BadCredit.org's Wealth Wise Scholarship	GPA ≥ 3.5, 재정 합법 거주자, 금융계열 전공	$1,000	에세이
B. David Scholarship	모든 학생	$1,000	1,000단어 이하 에세이
Bosterbio Scholarship for Young Scientists	생명과학 관련 2-4년 과정 수강 학생	$1,000	-
Christianson Grant	시민권자·영주권자, 18-28세, 해외 인턴·봉사 6개월 이상	$2,500-$10,000	경험 증빙
Davis-Putter Scholarship Fund	미국 재학 학부·대학원생	$1,000	진보적 운동 참여 증명
Ford Foundation Diversity Fellowships	학부·대학원생, 미국 시민권자	연간 최대 $20,000×3년	다양성·학문적 우수성 증명
Kayal Scholarship for Arab American Students in SS	아랍계 미국인/MENA 학부생, 1세대 대학생 우대, NJ·NYC-Metro	$1,000-$2,500 (최대 4년)	

장학금명	지원 자격	상금	주요 요구사항
Life Lessons Scholarship Program	17-24세, 보호자 사망자, 미국 법적 거주자	최우수: $10,000 1등 $5,000×7명 2등 $1,000×45명	에세이 or 비디오 제출
Roothbert Fund Scholarships	학부·대학원생, 교육계 진로 희망	$2,000-$3,000	학업 우수성 증명
Schepp Foundation Scholarship	시민권자·영주권자, GPA ≥ 3.2, 학부 30세 미만·대학원 40세 미만		NYC 인터뷰, 재정·인격 평가
ZipRecruiter Scholarship	18세+, 합법 거주자, 고등학교·대학 재학생	$3,000	취업 면접 후속 이메일 템플릿 작성

〈표 16〉 For All Undergraduates

장학금명	지원 자격	상금
Booster Scholarship	생·의학 연구실에 9학점 이상 연구 참여 증빙	$1,000
Deputy Scholarship for Women in Technology	기술 분야 풀타임 학생	$2,000
Womenetics Advancing Aspirations Global	모든 학부생, 2,500단어 에세이	1등 $5,000+DC 여행 8명 $1,500
ACS Scholars Program	시민권자·영주권자, 화학계열 전공 또는 예정	-
Banatao Family Filipino American Education Fund	공인 4년제 공학·수학·컴공 등 전공, GPA ≥ 3.0, 필리핀계	$1,000
Beacon® Scholarship for Rural America	농촌 거주, 저소득 고3·대학생	-
CSHEMA Scholarship	EHS 관련 전공, 학기당 12학점 이상 수강	$3,000
Environmental Eng. & Science Foundation	환경공학·과학 전공	$2,500×4명
Lockheed Martin STEM Scholarship Program	미국 시민, STEM 계열 전공, GPA ≥ 2.5	$10,000
NANOG Scholarship Program	고교생, 컴공·전기공학 등 전공, GPA ≥ 3.0	$10,000×4명

〈표 17〉 Incoming & Current Freshmen

장학금명	지원 자격	상금
CIA Undergraduate Scholarship Program	신입생·1~2학년 미국 시민, GPA ≥ 3.0, SAT ≥ 1500 또는 ACT ≥ 21, 4인 가족 소득 ≤ $80K	최대 $18,000 + 워싱턴 D.C. 여비·주택 수당

〈표 18〉 Sophomores

장학금명	지원 자격	상금
CIA Undergraduate Scholarship Program	(위 신입생 내용과 동일)	-
Humanity in Action Fellowship	2~4학년 및 졸업생, 전 세계 모든 국적	5주 유럽 프로그램(숙박·식비), 항공료 제외

〈표 19〉 Juniors (3학년)

장학금명	지원 자격	상금
Harry S. Truman Scholarship	GPA ≥ 3.7, 상위 25%, 리더십·공공서비스 증명	대학원 학업 최대 $30,000
Humane Studies Fellowship Program	3~4학년·대학원생, 자유 사회 연구 관심, 미국·캐나다·영국 시민	최대 $12,000
Wiesel Prize in Ethics Contest	풀타임 3~4학년, 윤리 에세이	1등 $5,000 2등 $2,500 3등 $1,500 Honorable $500×2

〈표 20〉 Seniors (4학년)

장학금명	지원 자격	상금/혜택
Gates Cambridge Scholarship	4학년, GPA ≥ 3.7, 리더십·사회 기여 증명	학비·생활비·국제 교통비 전액 지원
Humane Studies Fellowship Program	(위 3~4학년 대상)	최대 $12,000
Marshall Scholarship	미국 시민, GPA ≥ 3.7, 리더십·봉사 증명, 영국 대학원 진학 희망	수업료·생활비·연구비·여비 2년 지원(최대 40명/년)
Paul R. Flynn '90 / M.P.A. '96 Memorial	Seton Hall 3~4학년, 재정 필요·봉사 증명	연 $12,500(최대 $25,000)
Soros Fellowship for New Americans	최근 시민권 획득 졸업생·대학원생, 30세 이하, 학업·창의성·리더십	유지비 $25,000+수업료 $20,000×최대 4년 (총 $90,000)

2. 국제 학생에게도 주어지는 Merit scholarship

　미국 대학의 진학을 위한 학비, 기숙사비, 기타 비용 등 진학비용은 매년 증가하고 있고, 학생들은 여러가지 재정 지원을 위한 방법을 찾는 것이 매우 중요하다.

국제 연금 자금을 조달하기 위한 몇 가지 재정 지원 옵션도 있으므로 그런 것들을 잘 보아야 한다.

1) 학생의 국적인 나라, 즉 본국에서 제공하는 funding

학생의 본국에서 제공하는 정부의 조직이나 회사로부터 자금을 제공하는 프로그램이 있을 수 있다. 예를 들면 사우디 아라비아는 미국에서 공부하는 10,000명 이상의 학생들에게 전액 장학금을 제공하는 프로그램이 있으며, 이러한 것들 본국에서 지원신청이 가능하며 신청시에 몇 가지 규정을 두고 있다는 점을 명심하여야 한다. 예를 들면 졸업 후에 본국으로 돌아가서 본인의 나라를 위해 일하라는 의미를 가지고 있기 때문에 규정을 잘 알아보고 신청해야 한다.

2) 전 세계 학생에게 제공하는 국제 조직의 장학금

국제기구 Fulbright Commission과 같이 국적과 상관없이 전세계 학생들에게 제공하는 장학금이 있으며, 이 외에도 기타 아래 조직에서 장학금을 제공하고 있다.

- The United Nations
- AMIDEAST
- World Council of Churches
- Soros Foundation
- World Health Organization

이러한 조직 중 상당한 수는 학생이 기구가 있는 본국에 있어야 하고, 경쟁이 매우 치열하므로 미리 계획을 세워서 잘 신청하도록 하여야 한다.

3) 미국대학이 유학생들에게 제공하는 장학금

재정신청을 할 때 자동으로 나오는 대학의 Merit scholarship, Grant 등이 여기에 해당된다.

미국의 많은 대학에서는 재정 지원 사무실을 통해서 -유학생들에게 제한되지만 - 재정지원을 제공하며 이 경우 해당 학교의 홈페이지를 방문하여 어떤 신청서를 작성하여야 하는지 확인하고 유학생에게도 제공되는지도 확인하여야 한다.

사립대학의 경우 이러한 장학금이 많은 편이며, 원서 지원시에 재정 지원을 바탕으로 하는 장학금 신청 여부를 Yes로 표시하고, 그 대학의 정책에 관한 정보를 정확히 알아보고 진행하면 된다.

4) 유학생 대출

유학생의 경우 정부의 Stafford Loans이나 Plus Loans 은 대출은 불가하나 미국에서 공부하는 학생들을 위한 민간 유학생 대출을 받을 수 있다. 하지만 이 대출은 이자가 만만치 않으며 승인된 학교에 다니고 공동 서명자(Co-signer)가 필요하는 등 특정 자격 요건이 있다. 이 대출은 가능하면 많이 하지 않는 것이 좋으며 최소한의 대출을 하기를 권한다.

5) 고용으로 미국 교육비의 조달

이 경우 매우 한정적이며 학생비자를 소지한 상태에서 일하는 것은 이

민규정에 매우 엄격하게 통제하고 있다. 대학에서 Full time 학업 중인 경우에는 F-1 신분은 파트 타임, 캠퍼스 내 취업(주당 20시간 미만)을 허용하며 J-1학생 신분의 경우에는 교환 프로그램의 스폰서가 허가하는 한 유사한 제한 사항으로 취업을 일부 허용하고 있다.

직업 프로그램에 대한 M-1 비자를 소지한 경우에는 공부하는 동안 일체 취업이 허용되지 않으며, 취업을 해서 돈을 벌어 학비를 조금이라도 충당해야 하는 학생의 경우에는 반드시 비자에 따른 제한 사항을 잘 살펴보고 진행하여야 한다. (간혹 일을 하면 추방되는 경우가 있으므로 상당한 주의가 필요하다.)

Ⅲ. 미국대학scholarship 많은 학교들

College with Full-Ride Scholarships(대학을 다닐 수 있도록 대학의 총 비용을 모두 제공해주는 장학금이 있는) 대학들이다.

아래 대학들은 지원자가 신청하면 대학의 총 비용을 전액 받을 수도 있는 대학들이다.

1) Duke University

Robertson Scholars Leadership Program

이 장학금은 수업료, 수수료, 숙박 및 식사비를 전액 지원하며 최대 3개의 국내 여름 체험에 대한 비용도 제공하며 수상자는 일반적으로 목적의식 있는 리서십, 지적 호기심, 인격의 힘, 협력 정신을 보여주는 학생을 선호한다.

2) Vanderbilt University

Ingram Scholarship Program

이 장학금은 여름 프로젝트에 대한 전액 수업료와 장학금을 제공하며 학생들은 지역 사회 봉사에 대한 헌신, 개인적 성격의 강점, 리서십 잠재력을 기준으로 선발된다.

Cornelius Vanderbilt Scholarship

이 장학금은 전액 수업료와 여름 해외 유학이나 연구 경험에 사용할 수 있는 일회성 수당을 제공하며 선발은 학업 성취, 지적인 부분, 리더십, 교실 밖에서의 활동등에 따라 선발한다.

3) University of Chicago

Stamps Scholarship

이 장학금은 학비, 비용, 기숙사비와 그외 용돈 10,000불을 3학년 4학년 leadership, 인내, 봉사 혁신을 보여준 학생에게 수여한다. 국제 학생도 지원이 가능한 장학금이다.

4) University of Notre Dame

Stamps Scholarship

이 장학금은 총 비용과 12000불의 특별 금액까지 주는 제공한다.

각 수상자는 교수진으로부터 전문 멘토를 받는다. 선발되기 위해서는 입학 사무실에서 추천 받아야 하며, 선발 기준은 리더십, 인내, 봉사 및 혁신을 기준으로 하며 매해 5학생에게 장학금이 수여된다.

5) Washington University St. Louis

John B. Ervin Scholars Program

이 장학금은 전액 수업료와 연간 2,500불의 수당을 제공하며, 지원자는 학업적으로 우수하고 지역사회에서 주도권과 리더십을 보여주고, 다양한 집단을 하나로 모으고, 지역 사회 봉사에 헌신하고, 역사적으로 소외된 계층을 위해 봉사하고, 어려운 환경에 도전하는 학생을 선발한다.

Annika Rodriguez Scholars Program

이 장학금은 수업료 전액과 연간 2,500불을 추가로 제공하며 학업 성취도가 우수한 학생으로 역사적으로 소외된 계층에 봉사, 다양한 사람들을 하나로 모으는 능력, 지원서 답변과 에세이, 입학 지원서의 일부로 받은 추천서에 따라 결정되며, 국제학생들은 이 장학금에 지원할 수 있다.

6) Emory University

Emory Scholars Program

이 장학금은 전액 수업료와 풍부한 장학금을 제공하며, Emory University의 최고 학생들에게 수여되며 마감은 11월15일이다.

7) University of Southern California

Mork Family Scholarship

이 장학금은 전액 수업료와 5,000불의 수당을 제공하며 최종 후보자는 USC교수진이 면접을 통해 선정한다. 수혜자의 평균 SAT및 ACT 점수는 전국의 모든 학생 중 상위 1~2%에 속하는 학생들로 학업성취, 재능, 인내, 혁신, 참여 및 리더십 등도 함께 고려된다.

매년 10명에게 수여되며 4월1일까지 장학금 수여 여부가 통보된다.

Stamps Scholarship

이 장학금은 전액 수업료와 연간 5,000불(4년 20,000불) 추가로 지급되며,

후보자는 USC 교수진이 면접을 통해 선정한다.

수상자의 평균 SAT및 ACT점수는 전국의 상위 1-2%에 속하고, 수상자는 학업 성취도, 재능, 인내, 혁신, 참여 및 리더십을 기준으로 선정되며 매년 5명에게 장학금이 수여되며 4월1일까지 장학금 수여 여부를 알려준다.

Trustee Scholarship

이 장학금은 전액 수업료를 지급한다. 평균 SAT, ACT 점수는 전국적으로 상위 1~2%에 들어야 하며 수상자는 역시 학업 성취도, 재능, 창의력, 혁신적, 참여 및 Leadership과 같은 요소에 따라 선정되며 매년 약 100명에게 장학금을 수여한다.

지원자는 2월까지 면접을 위해 선정되고, 최종 후보자는 4월1일까지 통보하여 주며, 국제 학생은 이 장학금을 신청할 자격이 주어진다.

8) University of Virginia

Jefferson Scholarship

이 장학금은 전체 수업료, 기숙사 및 식사, 책, 좋은 프로그램 및 개인 비용을 포함하며, 학교에서 직접 지명하여 수여하고 매년 최대 36명에게 수여된다.

9) Wake Forest University

Nancy Susan Reynolds Scholarship

수업료 전액 제공하고 그 외의 급여도 제공하며 개인 인터뷰를 하여야 하고 마감일은 12월1일이다.

Stamps Scholarship

전체 수업료, 수수료, 기숙사 및 식사, 책, 개인비용을 모두 제공하며 최대 15,000불의 추가 장학금도 제공된다.

선발은 교육적 성취, 학업적 동기, 성격 등을 고려하며, 매년 최대 5명에게 수여된다.

10) The University of Michigan, Ann Arbor

Stamps Scholarship

Early Action에 지원한 18세 입학생에게 주어지며 10,000불 이상의 별도의 여비와 총 대학비용을 매해 제공한다.

선발의 기준은 우수한 아카데믹 요소와 뛰어난 재능, leadership과 사회에 참여 봉사와 서비스를 한 학생이다.

11) UNC(University of North Carolina) Chapel Hill

Morehead-Cain Scholars

이 장학금은 full 수업료, 기숙사비, 책, 식사, 책, 노트북, 학용품 등을 모두 지원하며 여름에 연구 및 여름 캠프의 기회를 제공하는 자금까지 포함되어 있다.

이 장학금은 지정된 학교의 학생들에게만 개방되며, 현재 추천 학교(UNC에 들어가 확인 하면 자신의 학교가 해당되는 지 알수 있다.)는 전 세계에 있다.

Robertson Scholars Leadership Program

이 장학금은 전체 수업료, 기숙사 및 식사, 최대 3개의 국내 여름 체험을 위한 자금을 제공한다. 목적의식 있는 리더십, 지적 호기심, 인격의 힘과 협력 정신을 보여주는 학생들에게 수여된다.

Ⅳ. Need-based scholarship

학생의 학부모 재정을 기반으로 신청시에 제공하는 대학의 장학금과 주정부의 장학금. (학생들이 가장 많이 지원하는 장학제도)

이 재정 보조 장학금은 학생의 재정적인 상황을 배려하여 대학으로부터 주어지는 Grant와 대학의 교장 등이 주는 Scholarship과 주정부에서 제공하는 Grant(이는 시민권자, 영주권자의 학생에만 해당된다.)가 해당된다.(Grant는 학생이 나중에 갚을 필요가 없는 보조금이다.)

그러므로 학생들은 Grant를 최대한 받도록 하는 것이 유리하며 그 방법은 학생의 학부모의 재정을 기반으로 하는 신청서를 잘 작성하여야 한다.

이러한 장학금의 수여 기준이 되는 것은 학부모의 재정적 상황이 가장 중요하므로 지원서 신청 시 정직하게 작성하여야 하는 것은 기본 요소이며, 어떤 경제적인 상황을 잘 어필할지도 중요하므로 작성 시 유의하여야 한다. (미국 정부의 Loan은 국제 학생들에게는 주어지지 않는 옵션이다)

1. Need-based scholarship 신청 방법과 필요서류

위에서 언급한 장학금 중 시민권자, 영주권자와 국제학생에게 모두 가능한 대학들의 Need-based scholarship 신청 방법에 대해 자세하게 알아보자.

<표 21> 지원서 종류

지원서 종류	대상	제출처	용도
FAFSA	시민권자·영주권자	studentaid.gov	연방·주정부 Grant·Loan 신청
CSS Profile	모든 학생	collegeboard.org	사립대학 Need-based aid 신청
Institutional Form	CSS 미채택 대학의 학생	각 대학 FA 웹페이지 또는 이메일	대학 자체 재정 지원(Grant/Scholarship)

2) 시민권자·영주권자 재정 보조(Financial Aid) 신청 순서

- FAFSA 작성

    ○ 시기: 매년 10월 1일 오픈 → 각 주·대학 마감일 확인

    ○ 준비물: SSN, 부모·본인 IRS 세금보고서(1040), 은행·투자 내역 등

    ○ 팁: IRS "Direct Data Exchange" 활용 → 자동 불러오기

- CSS Profile 작성

    ○ 시기: 대학별 마감일(FAFSA보다 1-2개월 앞당겨지는 경우 多)

    ○ 준비물: FAFSA 서류 + 주택·사업 자산·부채 내역

    ○ 제출: IDOC(College Board)로 증빙서류 업로드

- 대학 자체 양식

    ○ 언제: CSS 미채택 대학 지원 시

    ○ 어디서: 입학 포털(MyApp) 또는 FA 웹페이지 다운로드

    ○ 방법: CSS와 유사 서류 준비 → 이메일/포털 업로드

3) 국제학생 신청 절차

- CSS Profile 또는 Institutional Form

    ○ FAFSA 불가 → CSS Profile 또는 대학 자체 FA 양식으로만 지원

- 필수 증빙
    - 은행잔고 증명서, 부모 소득·자산 공증 번역본
    - 재정보증인(Guarantor) 서약서
- 제출 채널
    - IDOC 또는 각 대학 포털/이메일 안내에 따름
- 전략 팁
    - SAT/ACT 성적 제출 시 장학금 기회 ↑
    - AP/IB 성적으로 대체 가능한 대학 활용
    - Early 지원 시 FA 신청도 조기 마감 주의

4) 시민권자 vs. 국제학생 Need-Based Aid 차이
- 시민권자·영주권자
    - 연방·주정부 Grant(PELL 등) + Loan + 대학 Need-based 지원
    - 일부 재정 보조에 민감한 대학을 제외하고는 지원 불이익 거의 없음
- 국제학생
    - 연방·주정부 지원 불가 → 대학 자체 Grant/Scholarship에만 의존
    - 상위권 대학: 총비용의 50-100% 지원 사례 많음
    - 중간권 대학: 평균 40-60% 지원
    - SAT/ACT 없으면 장학금 수여 기회가 크게 감소한다.

5) 마감일과 대표적인 필요 서류 알아보기

〈표 22〉 아이비 리그(IVY League) 대학

학교	지원 유형	마감일	필요 서류
Harvard	Restrictive EA (EA)	- CSS Profile - 11/1 - FAFSA - 2/1 - IDOC - 11/1	- FAFSA: 2023 IRS 세금정보(IRS DRT), SSN - CSS Profile: 부모 소득·자산,주택·투자 정보 - IDOC: 2023 Form 1040 및 W-2 사본
	Regular Decision (RD)	- CSS Profile - 2/1 - FAFSA - 2/1 - IDOC - 2/1	(EA와 동일)
Princeton	EA	- Princeton Financial Aid Application (PFAA) - 11/9 - 부모 2023 세금·W-2 - 11/9 - Noncustodial 폼 - 11/9 - FAFSA - 2/10	- PFAA: 가계·소득 정보 입력 - 부모 IRS 1040·W-2 사본 업로드 - Noncustodial Parent Form - FAFSA: 2023 IRS DRT
	RD	- PFAA - 2/1 - 부모 2023 세금·W-2 - 2/1 - Noncustodial 폼 - 2/1 - FAFSA - 2/10	(EA와 동일)

〈표 23〉 캘리포니아 주립대(CSU 시스템)

구분	마감일	필요 서류
FAFSA/ CADAA	- 우선(주정부 Cal Grant): 4/2/2025(priority) - 최종(연방 Pell 등): 6/30/2026	- FAFSA: IRS DRT로 2023 세금정보, SSN - CADAA: 해당 시 서류 - Cal Grant GPA Verification: 고교 성적표

Note: CSU는 CSS Profile을 사용하지 않으며, 대학별 자체 FA 폼도 없습니다. (즉 FAFSA만 가능합니다.)

〈표 24〉 중견 사립대(Boston University 예시)

Admission Type	CSS Profile Deadline	FAFSA Deadline	필요 서류
Early Decision	- CSS Profile - 11/1 - FAFSA - 1/6	- CSS Profile - 11/1 - FAFSA - 1/6	- FAFSA: SSN, IRS DRT - CSS Profile: 부모 소득·자산 정보 - Income Verification: 세금보고서 업로드
Regular Decision	- CSS Profile - 1/6 - FAFSA - 1/6	- CSS Profile - 1/6 - FAFSA - 1/6	(ED와 동일)

- 공통 필요 서류 요약
    - FAFSA

    본인·부모 Social Security Number, IRS Data Retrieval Tool(Prior-Prior Tax Year), 은행·투자 내역
    - CSS Profile

    College Board 계정, 부모 소득·자산·부동산·사업 정보, IDOC(증빙 문서 업로드)
    - Institutional Forms

    각 대학 포털에서 제공하는 Form 또는 PDF, FAFSA/CSS와 유사한 재정 보고 서류

Need-based scholarship 신청 시 학생의 자격에 따라 약간 상이한 조건들이 있다.

학생 신분에 따른 차이 점을 알아보자.

2. 미국 시민권자, 영주권자 신분의 학생의 Financial Aid신청서

1) FAFSA

미국시민권자, 영주권자는 주정부의 Grant와 Loan등을 받기 위해서 주정부에서 요구하는 FAFSA form을 작성해야 한다. 이 지원서는 학생의 학부모의 재정 정보를 보고함으로써 주정부에서 해당 학생에게 얼마의 보조금 - Grant를 줄지 결정하는 기준이 되는 것이므로 대부분의 미국 시민권자나 영주권자가 작성하게 되는 지원서이다. 부모와 본인의 소득 등 사실

에 입각하여 정직하게 누락되는 것이 없이 잘 작성해야 한다.

시민권자는 아니지만 FAFSA작성이 가능한 신분은 T-1, I-94 등 특수한 황인 경우 가능할 수 있다. 이 부분은 아래 링크를 확인하여 혜택을 잘 찾을 수 있도록 하길 권한다.

https://studentaid.gov/understand-aid/eligibility/requirements/non-us-citizens

2) CSS Profile

이 지원서는 사립 대학에서 요구하는 각 대학으로 전달되는 학생의 학부모의 소득 정보와 재산 등을 작성하는 양식이고 이 양식은 collegeboard.org 에 자신의 계정을 만들거나 이미 학생의 SAT 시험을 위한 계정이 있다면 그 계정을 이용할 수 있다.

CSS profile을 요구하는 대학에서는 소득에 관한 서류를 대부분의 대학들은 College board에서 제공하는 IDOC을 사용하지만, 간혹 이것을 통해 업로드하기를 원하지 않는 대학들은 해당 대학에서 요구하는 서류 제출 방법을 제시하므로 그 점을 잘 확인하여 서류 제출을 하도록 한다.(사이트-https://www.collegeboard.org/)

3) 기타 대학별 재정 지원서

이 지원서는 대학에 따라서 CSS를 사용하지 않는 대학에서 요구하는 대학 자체폼으로 생각하면 된다.

이 양식은 대학의 FA 관련 홈페이지에서 제공하거나 대학에서 입학원서를 지원하면 학생에게 이메일로 안내하거나 학생의 Account에서 작성하도록 안내한다. 작성 방법은 대부분 CSS Profile과 비슷하다고 생각하면 된다.

(위와 같이 시민권자, 영주권자는 크게 위의 재정 지원서가 있다고 이해하면 되고, 서류의 제출 등은 College board의 IDOC을 통해 제출하거나 학교의 FA 당당자에게 이메일로 제출하는 방식을 사용하고 있다. 또는 부모가 미국 국세청 IRS에 세금 보고를 하고 있는 경우에는 모든 서류가 IRS를 통해서 정보가 연계되는-Direct Date Exchange- 편의도 제공된다.)

3. 국제학생들의 Need-based Financial Aid

국제학생의 경우 시민권자나 영주권자에 비해서는 재정 보조를 기반으로 하는 장학금이 합격에 영향을 주는 경우가 약간 많다고 생각하여야 한다. 하지만 모든 대학이 모두 같은 정책을 사용하고 있지는 않으므로 국제학생의 경우는 특히 대학의 정책을 고려하여 지원 대학을 선택하여야 하며 합격에 불리하지 않은 재정 지원서를 작성하도록 하는 전략이 필요하다. 국제학생의 경우는 주정부 지원서인 FAFSA를 작성할 수 없는 자격이므로 시민권자의 지원서들과는 달리 CSS Profile이나 대학 자체 별도 form을 작성하게 되며 서류는 IDOC을 통해 제출하거나 대학 자체의 지시에 따라 제출하면 된다.

국제학생의 경우 FAFSA를 하지 않는 대신 소득 서류를 잘 준비하고 업로드 해야 한다.

4. Need-based scholarship의 시민권자(영주권자 포함)와 국제학생의 차이(이 정보는 필자의 경험으로 인해 작성된 것이므로 학생의 상황에 따라 다를 수 있으며, 절대적이지 않다는 것을 알고 참고하기 바란다.)

미국 대학의 재정 보조 장학금은 그 대학에서 시민권자의 경우에는 대부분이 신청 시에 불이익이 거의 없으며 대부분의 대학은 미국 시민권자 학생에게 학교와 주정부에서 제공하는 Grant와 Loan, 학교의 성적 장학금인 scholarship을 신청하도록 하고 있으며 큰 무리 없이 학비를 충당할 수 있는 방법이 아주 많다고 봐야 한다.

물론 모든 대학에서 시민권자라고 모든 부족한 학비를 다 도와주는 것은 아니지만 부족한 부분을 나중에 갚을 필요 없는 Grant와 scholarship, 나중에 갚아야 하는 Loan으로 학생의 실제 재정 상황을 고려해서 도움을 주고 있다.

하지만 국제학생의 경우에는 미국의 주정부에서 제공하는 grant 나 loan은 받을 수 없으므로 순수하게 대학에서 제공하는 Grant 나 우수한 성적이나 기타 재능으로 받을 수 있는 scholarship에 도전하여야 한다.

현재 우수한 성적이라면 미국 학비가 비싸다고 걱정할 필요는 없다.

국제학생이라면 학비를 잘 받을 수 있는 방법을 선택하면 된다.

단, 국제학생의 경우 SAT가 없다면 장학금은 조금 어렵다고 봐야 한다.

학교의 내신이 좋고 IB 프로그램이나 AP 수업을 잘 해내고 있다면 더욱더 장학금 신청에는 유리하다고 할 수 있다.

또한 SAT, ACT 등의 공인 성적은 꼭 11학년 말까지 점수를 낼 수 있도록 test에 응시하기를 바란다. 간혹 요즘은 SAT 등의 공인 성적을 require가 아닌 option으로 정책을 정한 대학도 많지만, 그건 일부 대학의 시민권자에게 좀 편한 입시가 되도록 해 주는 제도이지, 국제학생의 경우에는 그 점수가 없다면 그리 좋을 것이 없다.

필자의 경험상 국제학생의 경우는 장학금을 받고 입학한 많은 학생들은 대부분 SAT나 ACT 점수가 있으며, 그 점수가 없는 학생의 경우는 대학으로부터 장학금 받을 확률이 낮아진다. 현재 학생이 10학년이라면 반드시 공인 성적을 위한 공부를 하고 좋은 SAT 나, ACT 점수를 받도록 하라고 권한다.

시민권자가 아닌 국제 학생에게 장학금을 잘 수여하는 대학의 경우, 상위 대학은 대부분 많은 액수를 Grant로 수여하므로 성적이 좋다면, 훨씬 장학금의 기회가 많아 진다.

상위 대학을 합격하고 받는 장학금 액수는 국제학생의 경우에도 총비용 70,000불 정도라면 평균 40,000불 이상을 받게 되며 모두 받는 경우도 있다.

중간 정도의 대학은 총비용의 약 70%~50% 정도를 cover 해 주므로 70,000불의 총비용 중 학생들이 부담해야 하는 금액은 평균 28,000불에서 20,000불 정도로 보면 된다.(물론 전액을 받는 경우도 있다는 것을 참고하기 바란다.) 한국 대학에 비해 학비의 부담이 조금 더 되지만 20,000불 정도 학비를 지불할 수 있다면 나쁘지 않은 선택이 될 것이다.

또한 학비를 10,000불 정도밖에 낼 여력이 없다면, 자신의 점수를 최대로 높이고 학비를 모두 부담해 주는 대학으로 진학할 수 있도록 준비하기 바란다.

지금까지 소개한 글은 모든 사람에게 똑같이 적용되는 것은 아니며 일반적으로 평균적인 결과를 얘기한 것이다. 물론 더 좋은 결과를 얻을 수도 더 기대에 못 미치는 결과가 될 수도 있다. 또한 어떤 장학금 계획을 세우

냐는 것에 따라서도 달라 질 수 있음을 밝혀 둔다.

5. 국제학생에게도 장학금 액수가 큰 미국대학 Ranking10

아래 대학들은 시민권자, 영주권자 뿐만 아니라 국제학생에게도 큰 액수의 장학금을 주고 있는 대학들이다.

(물론 이 대학들의 장학금은 학생의 가정 상황을 고려해서 나온 need-based scholarship으로 신청서를 제출한 학생의 가정 상황에 따라 다르다는 것을 밝혀둔다.)

〈표 25〉 University No. of received student Amount Ranking

	대학명	장학금 금액	순위
1	Wellesley College(MA)	$78,432	Ranking 5, National Liberal Arts Colleges
2	Haverford College(PA)	$76,600	18 (tie), National Liberal Arts Colleges
3	Washington and Lee University(VA)	$75,605	11 (tie), National Liberal Arts Colleges
4	Wesleyan University(CT)	$75,536	18 (tie), National Liberal Arts Colleges
5	Dartmouth College(NH)	$75,460	12, National Universities
6	Duke University(NC)	$72,325	10 (tie), National Universities
7	Stanford University(CA)	$72,000	3 (tie), National Universities
8	Amherst College(MA)	$71,655	2, National Liberal Arts Colleges
9	Vassar College(NY)	$71,036	13 (tie), National Liberal Arts Colleges
10	Barnard College(NY)	$70,735	18 (tie), National Liberal Arts Colleges

V. 미국 대학별 장학금 정책

1. 미국 대학별 채택하고 있는 Need-based scholarship의 Policy

1) 모든 학생에게 need-blind 정책을 채택하고 있는 미국대학(Need-blind University for International students(All students))

<small>(국제학생에게도 재정보조 장학금 신청해도 불리하지 않은 대학들)</small>

Need-blind 대학이란 입학 지원 시에 재정 보조 신청을 하는 학생들에게도 어떤 합격에 대한 불이익이 없는 제도로써 입학을 결정할 때에 학생이 장학금 신청을 했는지를 확인하지 않고 학생의 장점과 성적 등을 고려하여 장학금 신청을 안 한 학생들과 똑같이 평가하여 합격을 결정하는 제도를 말한다. 이러한 대학들은 학교에 비교적 많은 fund가 있는 유명 대학이라고 생각하면 된다.

- Harvard University
- Princeton University
- MIT
- Yale University
- Dartmouth College – Since 2022
- Amherst College

- Bowdoin College - since 2022
- Brown University - since 2025

2) 국제학생에게도 need-based scholarship 신청(FA) 제공하는 미국대학(국제 학생이 need-based를 신청할 수 있도록 하는 미국 대학리스트)

아래 대학들은 미국국적의 학생이 아닌 국제 학생에게도 대학이 재정보조 장학금을 신청할 수 있도록 기회를 제공하는 대학들이다.

1	Stanford University
2	Yale University
3	Princeton University
4	Columbia University
5	Brown University
6	Cornell University
7	New York University
8	Embry-Riddle Aeronautical University
9	Rice University
10	Stevens Institute of Technology
11	The University of Chicago
12	Johns Hopkins University
13	Rochester Institute of Technology
14	University of Dallas
15	Emory University
16	Florida Institute of Technology
17	Northwestern University
18	Northeastern University
19	Purdue University
20	Boston University
21	St Lawrence University
22	Brandeis University
23	Clark University
24	University of Rochester
25	DePaul University

26	Brandeis University
27	University of Pennsylvania
28	Ohio State University
29	University of Cincinnati
30	University of Oregon
31	University of Portland
32	Drexel University
33	Lehigh University
34	Southern Methodist University
35	Villanova University
36	Texas Christian University
37	St Mary's University, San Antonio
38	Northwood University
39	California Lutheran University
40	California State University San Bernardino
41	Dominican University of California
42	Notre Dame de Namur University
43	Pepperdine University
44	Drake University
45	University of Dubuque
46	University of San Diego
47	University of Southern California
48	University of Denver
49	Trinity University
50	University of Southern Indiana

3) Need-blind policy for citizenship & permanent resident(시민권자, 영주권자 학생에게 need-blind인 대학들)

이 대학들은 학생들이 FA를 신청해도 합격에 불리하지 않은 대학들을 의미한다.

즉 시민권자와 영주권자 학생이 FA를 신청할 때 혹시 합격에 불이익이 끼치지 않을까 걱정할 필요가 없는 대학들이라고 생각하면 된다.

〈표 26〉 A Complete List of Need-Blind Colleges in the United States

(시민권자, 영주권자에게 합격에 영향을 미치지 않는 FA정책을 채택하는 대학들)

Adrian College	Grinnell College	St. John's College
Amherst College	Hamilton College	St. Olaf College
Antioch College	Harvard University	Stanford University
Babson College	Harvey Mudd College	SUNY College of Environmental Science and Forestry
Barnard College	Haverford College	Swarthmore College
Baylor University	Hiram College	Syracuse University
Berea College	Ithaca College	Texas Christian University(TCU)
Biola University	Jewish Theological Seminary	The College of New Jersey
Boston College	Johns Hopkins University	Thomas Aquinas College
Boston University	Julliard	Tulane University
Bowdoin College	Kenyon College	University of Chicago
Brandeis University	Lafayette College	University of Florida
Brown University	Lawrence University	University of Illinois at Chicago
Cal Poly San Luis Obispo	Lehigh University	University of Maryland Robert H. Smith School of Business
California Institute of Technology(Caltech)	Lewis & Clark College	University of New Hampshire
Carnegie Mellon University	List College	University of North Carolina at Chapel Hill
Chapman University	Marist College	University of Michigan at Ann Arbor
Claremont McKenna College	Marlboro College	University of Notre Dame
Colby College	Massachusetts Institute of Technology(MIT)	University of Pennsylvania
Colgate University	Middlebury College	University of Richmond
College of the Ozarks	Mount St. Mary's College	University of Rochester
College of William and Mary	New York University(NYU)	University of Southern California(USC)
Columbia University	North Carolina State University (NCSU)	University of Vermont
Cooper Union for the Advancement of Science and Art	North Central College	University of Virginia
Cornell College	Northeastern University	University of Washington
Cornell University	Northwestern University	Ursuline College
Curtis Institute of Music	Olin College	Vanderbilt University

Dartmouth College	Penn State	Vassar College
Davidson College	Pomona College	Wabash College
Denison University	Princeton University	Wake Forest University School of Medicine
DePaul University	Providence College	Wellesley College
Duke University	Purdue University	Wesleyan University
Elon University	Randolph College	Williams College
Emory University	Rice University	Yale University
Fairleigh Dickinson University (FDU)	Salem College	Yeshiva University
Florida State University	Saint Louis University	Georgetown University
Fordham University	San Jose State University	Georgia Institute of Technology
Franklin W. Olin College of Engineering	Santa Clara University	Soka University of America
Georgetown University	Southern Methodist University (SMU)	Georgia Institute of Technology

Ⅵ. Need-blind financial aid의 3가지 Type

미국 시민권자 영주권자에게는 많은 대학이 need-blind 정책을 채택하고 있다고 할 수 있다. Need-blind 대학은 재정 보조 신청이 합격에 영향을 미치지는 않는 대학이지만 그렇다고 반드시 학생의 재정분석으로 학생들이 필요한 액수 전부를 장학금으로 주는 대학 들이라고는 할 수 없다.

즉, 어떤 대학은 Need-blind이면서 학생에게 필요한 액수를 모두 장학금(Grant 와 scholarship)으로 주는 곳도 있고, Need-blind이지만 필요한 금액을 전액 주지 않는 곳도 있다.

즉 FA를 신청해도 합격에는 전혀 불리하지는 않으나, 그렇다고 요구한 전액을 다 주는 대학만 있는 것은 아니라는 것이다.

Need-blind 대학이라도 아래 세가지 분류로 나뉘어 진다는 것을 보면 이해가 될 것이다.

이번에는 need-blind 정책을 채택하는 대학들의 세가지 유형을 알아보자.

1. Full Need, No Loans School(필요한 모든 금액을 loan없이 모두 제공하는 정책)

이 대학들은 100% 모두 대학의 비용을 loan없이 다 주는 대학이다.

즉 대학을 졸업하고 갚아야 할 부채가 하나도 없게 다 총 비용을 학생에게 주는 제도이다.

사례) 예를 들면 어떤 학생 Angela를 예를 들어보자.

그녀는 연간 수업료가 48,000달러 전액이 필요하고 대출을 하지 않고도 필요한 48,000불을 학교로부터 받고 합격하였다.

Angela의 FAFSA 양식을 보면 Angela의 가족이 연간 0달러를 그녀의 교육을 위해 쓸 수 있다고 EFC를 제시하였고, Angela의 입증된 재정적 필요한 금액은 연간 48,000불이 되었다.

이런 경우 대학은 연방 또는 사립 대출이 없이 장학금, 보조금, study work을 포함하여 48,000불의 재정적 지원을 대학에서 제공한다.

즉 이와 같은 대학들이 Full need, no loans school 리스트에 포함된다.

〈표 27〉 The Best of the Best: 100% Need Met Without Loans, Regardless of Income
(론 없이 모두 필요한 금액을 제공)

· Amherst College
· Berea College
· Bowdoin College
· Brown University
· Centre College
· Colby College
· College of the Ozarks*
· Columbia University
· Davidson College
· Grinnell College
· Harvard University
· Johns Hopkins
· Massachusetts Institute of Technology(MIT)
· Northwestern University
· Pomona College
· Princeton University
· Smith College
· Stanford University

· Swarthmore College
· University of Chicago
· University of Pennsylvania
· Vanderbilt University
· Washington and Lee University

〈표 28〉 Second Best: 100% of Need Met With No Loans for Some Incomes

(제한된 소득 기준인 학생에게만 필요금액을 모두 loan 없이 제공)

School	Financial Aid Notes
Bryn Mawr College	"Students with a total family income of less than $60,000 and total family assets of less than $500,000; for these students, 100% of demonstrated need, as calculated by the student's financial aid application, will be met with grants and work-study. Loans will no longer be used to meet need, and on average these students will see a $3,500 increase in their Bryn Mawr Grant eligibility."
Colgate University	Aid is loan-free if your parents' total income is less than $175,000.
Cornell University	Aid is loan-free if your parents' total income is less than $60,000 and total assets are less than $100,000.
Dartmouth College	Aid is loan-free if your parents earn less than $65,000. Your family will not be expected to make any financial contribution.
Duke University	Aid is loan-free if your parents earn less than $40,000. Your family will not be expected to make any financial contribution.
Haverford College	Aid is loan-free if your parents earn less than $60,000. Families making more than this threshold can expect small loans ranging from $1,500 to $3,000 a year.
Lafayette College	Aid is often loan-free if your parents earn less than $150,000.
Lehigh University	90% of undergraduate families with an income less than $75,000 received grants and scholarships in an amount greater than the full cost of tuition.
Rice University	Aid is loan-free if your parents earn less than $200,000. Students whose parents make less than $75,000 will receive coverage for tuition, fees, room, and board, whereas those whose parents make between $75,000 and $140,000 will receive full coverage for tuition only.
Tufts University	Aid is "typically" loan-free for students with total family incomes of less than $60,000. All other students qualifying for financial aid can expect to have a maximum of $7,000 in loans per year.
University of North Carolina at Chapel Hill	Low-income North Carolina students may qualify for aid without loans through the Carolina Covenant.
Vassar College	Aid is loan-free for students from "low-income families."

Washington University in St. Louis	Aid is loan-free if your parents earn less than $75,000.
Wellesley College	Aid is loan-free if your calculated family contribution is less than $28,000 and your parents earn less than $100,000 per year. All other students qualifying for financial aid can expect to have a maximum of $15,200 in loans over four years.
Wesleyan University	"Domestic students from families who earn less than $120,000 (with typical assets) are offered a financial aid package with an additional $3,500 for freshmen, $4,500 for sophomores, $5,500 for juniors, and $5,500 for seniors in Wesleyan scholarship that replaces the standard loan package."
Williams College	Aid is loan-free if parents earn less than $75,000 with "typical assets." For everyone else, loans are capped at $4,000 per academic year.

2. Full Need With Loans Schools(Need-blind 정책을 채택하고 있지만, 필요한 액수를 Grant(무상지원)와 Loan(대출)으로 함께 주는 대학들)

이러한 대학들은 재정 지원 패키지를 통해 학생의 입증된 재정적 필요를 100% 충당할 것을 보장하는데 1과의 차이점은 이 패키지에는 보조금, 장학금, 취업기회와 함께 대출(Loan)이 포함되어 있다는 것이다.

예를 들면 Angela 가 연간 수업료가 43,000달러인 대학에 합격한 경우 Angela 부모가 낼 수 있는 돈이 5,000불이라면 연간 38,000불을 학교에서 재정 지원 패키지로 제공하지만 여기에는 Stafford loan이 포함되어 있다는 것이 1 Full Need, No Loans School 과 다르다. 즉 이 대학들은 필요한 전액을 제공하지만, 갚을 필요 없는 Grant 와 일부는 갚아야 하는 Loan으로 제공한다는 것이다.

⟨표 29⟩ 100% of Need With Loans(Loan을 포함하여 필요한 보조를 전액 제공)

· Barnard College
· Bates College
· Boston College
· Caltech
· Carleton College
· Case Western Reserve University
· Claremont McKenna College
· College of the Holy Cross
· Connecticut College
· Colorado College
· Denison College
· Emory University(US only)
· Franklin & Marshall College
· Georgetown University
· Hamilton College
· Harvey Mudd College
· Kenyon College
· Macalester College
· Middlebury College
· Mount Holyoke College
· Northeastern University(US only)
· Oberlin College
· Occidental College
· Pitzer College
· Scripps College
· Skidmore College
· Thomas Aquinas College
· Trinity College
· UCLA
· Union College
· University of Notre Dame
· University of Richmond
· University of Rochester(does not include Eastman School of Music)
· University of Southern California(USC)
· University of Virginia(UVA)
· Wake Forest University

3. No Guaranteed Financial Aid Schools(Financial aid를 할 수는 있으나, 금액과 수여 여부를 보장하지는 않는 대학)

이 대학들은 재정 신청을 하지만 재정 지원을 필요한 만큼 다 보장하지는 않는 학교들이 여기에 속한다.

이 대학의 경우 재정 지원이 합격에 영향을 미치지 않는 need-blind인건 맞으나, 학생이 요구하는 모든 재정적 지원을 모두 해 준다고 보장하지는 않는다는 것이다.

예를 들면 NEED-BLIND이지만, FULL NEED는 아니라는 것이고, 이 의미는 합격에 영향을 미치지 않는 정책이지만 필요한 모든 경비를 다 주지는 않는 대학들을 말한다.

그러므로 만약 학생이 25,000불이 필요하다고 요구해도 대학에서 Grant, scholarship등으로 20,000불만 주고 나머지는 학생이 개인적인 론을 하거나 알아서 나머지를 준비해야 하는 것을 의미한다.

Ⅶ. 미국대학 장학금 실제 예

재정보조 컨설팅으로 장학금을 받은 사례 중 일부이며, 지면 관계 상 모두 공유하지 못함을 이해해 주기 바란다.(이름, 학교는 개인 정보 보호를 위해 생략함.)

〈표 30〉 미국 대학 지원 합격 대학 리스트

Harvard University(46,000불)
M.I.T(54,000불)
Princeton University
Stanford University(63,000불)
Yale University(54,000불)
Columbia University(36,000불)
Johns Hopkins University(재정 신청 안 함, 고소득자)
New York University(57,000불)
Vassar University(52,000불)
University of Pennsylvania
Cornell University
Northwestern University(45,000불)
University of Chicago
University of Michigan-Ann Arbor
UIUC
UCLA
UC - Berkeley
UC - Sandiego, Irvine, Davis
University of Richmond(48,000불)
Vassar(52,000불)
Purdue
Pratt Institute technology - 건축학과
Tufts University - 건축학과
Parsons - 사진학과
Boston University

Northeastern University(32,000불)	
University of Wisconsin	
University of Washington	
College of Wooster(56,000불)	
Earlham University(49,000불)	
Illinois Wesleyan(58,000불)	
Georgia State(full scholarship)	
SUNY - Binghamton	
SUNY - Buffalo	
Penn State University	
Rutgers University(New Jersey State University)	
RISD - Design 전공	

Ⅷ. 국제 학생에게도 Need-blind인 미국대학

요즘 특히 많은 미국 대학들이 우수한 국제학생을 유치하기 위해 장학금 제도를 약간 개선하여 국제학생에게도 need-blind를 시행하는 대학들이 늘고 있다.

그러므로 어떤 대학에서 국제 학생에게 장학금을 후하게 주고 있으며, 기회가 많은지 알아본다는 것은 학생이 학비의 부담으로 미국 대학 입학을 포기하지 않고 성공적인 미국 대학 입학이 될 수 있는 하나의 방법이 될 것이다.

국제학생에게도 Need -blind(이 정책은 장학금 신청이 학생 선발 과정에서 전혀 지장이나 걸림돌이 되지 않도록 합격에 장학금 신청에 대한 유무를 반영하지 않는 선발 제도로, 합격 후에 장학금을 신청한 학생들에게 장학금을 수여하는 정책으로 국제학생에게 매우 유리한 제도이다.) 인 대학은 아래와 같다.

1) Bowdoin College

2022년 Bowdoin College는 국제학생에게 need-blind 입학 제도를 시행한다고 발표했으며 장학금을 받지 않는 경우 총비용은 약 88,900불이라고 발표했다.

2) Amherst College

이대학은 예전부터 need-blind로 유명한 리버럴 칼리지로 국제학생, 미

국 시민권, 영주권자에게 모두 need-blind 정책을 쓰고 있으며

장학금 받기 전의 기숙사비, 학비 등을 포함한 총비용은 약 91,300불이다.

3) Princeton University

뉴저지의 아이비리그로 사립 리서치 대학이며, 모든 학생들에게 need-blind 정책을 쓰고 있으며 merit 장학금은 없다. 즉 재정을 기반으로 하는 need-based 장학금을 신청하여야 장학금을 받을 수 있다.

4) Harvard University

하버드 대학은 많은 사람이 잘 알고 있는 것과 같이 많은 장학금을 수여하는 아이비리그 대학 중 하나이다.

이 대학은 합격한 학생에게 나중에 신청의 기회를 주기도 한 아주 너그러운 장학제도를 적용하고 있기도 하다. 2024-2025년 총비용은 약 82,900불 정도이다.

5) Yale University

커네티컷에 위치한 대표적 아이비리그 대학인 예일대학은 40년 동안 모든 지원 학생에게 장학금을 신청할 기회를 제공하며 입학 사정 시 역시 불합격에 전혀 영향을 주지 않는 need-blind 제도를 채택하고 있다.

이 대학의 총비용은 약 91,000불이다.

6) Massachusetts Institute of Technology

대표적인 가장 유명한 공대로 MIT 대학을 뽑을 수 있다. 이 대학 역시 학

생들에게 need-blind 정책을 제공하고 있다. 우수한 성적과 뛰어난 재능을 우선으로 보는 이 대학의 총비용은 약 86,000불이다.

7) Dartmouth College

다트머스 대학 역시 아직도 need-blind를 제공하는 아이비리그 중 하나이며 최근 정책을 잠시 변경한 적이 있으나, 선택 시에 학비를 낼 수 있는 능력을 같이 보고 있지 않으므로 need-blind라고 할 수 있다.

이 대학의 총비용은 약 91,300불이다. (역시 장학금을 받기 전 대학의 총비용이다.)

8) Georgetown University

명문 중 하나인 Washington D.C에 위치한 조지타운 대학도 국제학생에게 need-blind를 제공하고 있다.

모든 지원 과정은 미국 시민권자와 같으며 학비를 낼 수 있는 증명서도 요구하지 않으므로 need-blind 대학이다.

이 대학의 총비용은 약 68,000불이다.

9) University of Notre Dame

한국 학생이나 학부모에게 조금 생소할 수는 있는 노틀담 대학(Notre Dame University)은 미국의 우수한 사립 중 하나로 국제학생에게도 역시 need-blind를 제공하고 있다. 총비용은 약 87,000불이다.

10) Brown University

새롭게 need-blind 정책에 합류한 유명 대학으로 브라운 대학을 뽑을 수 있다.

이 대학은 2025년 가을 학기부터 국제학생에게 이 정책을 채택하고 있으며 2003년부터 미국 시민권자, 영주권자에게만 이 정책을 채택하였으나 2025년부터 1월 국제학생에게 Need-blind 장학금 정책을 채택하겠다고 발표한 대학이다.

국제학생들은 이 대학에 지원을 하는 것을 고려해 보는 것도 좋은 선택이 될 것이다. 물론 이대학은 합격의 문이 넓지는 않은 것이 단점이긴 하다.

그렇지만 모든 학생에게 문이 좁은 건 아니므로 성적이 우수하다면 한 번 지원을 고려해 보는 것이 좋을 것 같다.

학생의 성적과 가정 경제를 충분히 고려하여 대학을 선택하여 입학지원을 결정하는 것은 입학 후에도 경제적 어려움이 없는 성공적인 미국대학 진학이 될 것이라고 생각한다.

부록

알면 유익한 재정 보조 장학금(Need-based scholarship) 정보

1. 장학금 신청 괜찮을까?

그렇다면 모든 학생들은 재정 보조 장학금을 신청할 시 가장 염려되고 두려운 것이 학비를 보조 받겠다고 하면 합격에 불이익을 주지 않을까? 하는 점이다. 그러므로 FA를 신청 시에는 어떤 점을 고려하여 재정 보조 장학금을 신청하는 것이 좋을까?

학부모의 소득이 미국 대학 학비를 감당하기에 충분한 고소득자라면 재정 보조 장학금은 신청하지 않아야 한다. 만약 꼭 약간의 장학금을 받고 싶다면 많은 재단에서 주고 대학에 있는 merit scholarship을 신청하라고 권한다.

학부모의 소득이 미국 학비를 감당하기는 조금 버거운 수준이라면 재정 보조 장학금(need-based scholarship)을 신청하는 것이 방법이다. 재정 보조 신청 시에는 반드시 정직하고 사실에 입각하여 작성하여야 하며 어떤 점이 학비 보조를 받기에 적합한지 그 요소를 잘 나타나도록 작성하라고 권한다.

미국대학마다 FA정책이 다 다르므로 그 정책들을 잘 파악하여 학생의 가정 형편과 FA 신청에 유리할 대학을 잘 선정하여야 한다.

2. 최근 FAFSA의 변화, 어떻게 달라졌나?

매해 미국 대학을 지원하고 재정보조를 신청하는 업무를 도와주고 있는 컨설팅 업자로서 올해는 참으로 시간도 오래 걸리고 새로운 FAFSA의 앱이 불안정하여 많은 어려움을 겪었다.

작년까지 FAFSA는 영주권자, 시민권자 학생의 경우 별 어려움 없이 부모의 국적이나 social number 없이도 쉽게 신청이 가능했다.

올해는 부모 중 한 사람만이 사인을 하면 되던 작년과는 달리 어머님, 아버님 두 분의 사인이 필요한 경우가 많다. 단 부모 중 한사람이 소셜 넘버를 가지고 있다면 한사람이 대표로 사인할 수 있게 해주어 그나마 약간의 편리함을 제공하고 있다.

사인을 하기 위해서 본인의 FAFSA 계정을 생성하고 사인하여야 한다.

이런 과정에서 아직 완전하게 만들지 못한 FAFSA 앱으로 인해 학부모의 계정이 잘 만들어지지 않거나 오류가 발생하고 있으며, 이 오류를 해결해야 작성이 완료되므로 이부분은 주의해야 한다.

아마 내년에는 조금 더 앱이 업그레이드될 것으로 생각한다.

올해 재정 지원에서 오류가 발생할 때에는 바로 FAFSA에 이메일을 하거나 전화로 상황을 직접 얘기하면 도움을 받을 수 있다.

미국의 모든 대학은 CSS profile을 작성하거나 자체 지원서, FAFSA를 함께 신청하여야 대학으로부터 grant, loan 등을 문제없이 받을 수 있으므로 시민권자, 영주권자 학생들은 조금 늦었어도 대학에 입학하기 전에 재정 보조 신청을 할 수 있는지 알아보고 신청하면

학비에 도움을 받을 수 있다.

3. FAFSA 작성시 어떤 점에 주의해야 할까?

- 학생의 정확한 이름과 전화번호, 사회보장번호(social no.)를 기입하도록 하세요.
- 계정(본인 account)을 생성할 때 가장 잘 보는 이메일이나 본인 계정을 사용하세요.

- 부모님 이름, 생년월일, 역시 사회보장번호 등을 잘 기입하세요.
- 미국에 소셜 넘버가 있다면, 가능하면 세금 보고를 하도록 하세요. (특히 부모님 중 한 분이라도 영주권자 거나 시민권자일 경우는 반드시 보고하세요)
- 각자의 계정을 생성할 때 신중하게 만들고 모든 로그인하는 방법과 번호 등을 반드시 적어 두시고, 다음 로그인에 사용하셔야 합니다 (정보는 항상 같은 것을 넣도록 주의하여야 하며, 조금이라도 다른 정보를 넣으면 본인의 계정에 로그인이 안 되는 경우가 많아졌으니 유의하기 바랍니다.)
- FA를 신청 할 는 반드시 학교별 정책을 알아보고 대학에 직접 문의를 해 보는 것도 많은 도움이 됩니다. 항상 학생과 학부모가 모든 사항을 잘 확인하고 지원하여야 합니다.

지금까지 미국대학의 많은 장학금 정책과 종류를 알아봤다.

이러한 정보를 바탕으로 미국대학 입학 지원시에 학생의 학부모 경제사정에 맞는 장학금 신청준비를 철저하게 하길 바란다.

★ ★ ★
Chapter 3

한국 대학 재외국민
수시 알아보기

Ⅰ. 재외국민 특별전형 개요 및 3년/12년 특례 비교

 미국 대학 입시를 고민하던 분들이라면 한 번쯤은 "한국 대학도 병행 지원해볼까?"라는 생각을 많은 학생과 학부모가 한다.

 이 책의 후반부에서는 미국 대학 진학 외에도 '한국 대학 재외국민 전형'이라는 또 하나의 기회를 소개하려 한다. 특히 해외에서 중고등 과정을 이수한 학생, 혹은 장기 체류 중인 학부모들이라면 많은 도움이 될 것이다.

 우선 한국 대학의 재외국민 특별전형이란 무엇인지, 그리고 가장 기본적인 두 가지 지원 유형인 3년 특례와 12년 특례에 대해 자세히 알아보자. 이 개념이 정확히 잡혀야 이후 전형 분석도 더 쉽게 이해할 수 있을 것이다.

1. 재외국민 특별전형이란?

 재외국민 특별전형은 해외에서 일정 기간 이상 체류하거나 교육받은 학생들을 위해 마련된 전형이다. 국내 교육과정을 기준으로 판단하기 어려운 학생들을 위해 별도의 자격 기준과 선발 방법을 적용하는 전형이다. 대부분의 대학에서 정원 외 모집으로 진행되며, 국내 일반전형과는 다른 평가 방식이 적용된다.

 일반적으로 이 전형은 아래와 같은 학생들을 대상으로 한다.

- 해외에서 장기간 거주한 재외국민 자녀

- 초중고 전 과정을 해외에서 이수한 유학생
- 해외 국제학교 또는 현지학교에서 학업을 마친 학생

즉, 국내 교육 시스템에 익숙하지 않은 학생들에게도 국내 대학 진학의 기회를 부여하기 위한 제도라 생각하면 된다.

지원 자격에 따른 구분은 크게 두 가지로 나눌 수 있다.

- 3년 특례**
  최근 3년 연속 보호자와 함께 해외에 거주하며 정규 교육과정을 이수한 학생의 경우 자격이 주어진다.
- 12년 특례**
  초등학교부터 고등학교까지 전 교육과정을 해외에서 이수한 학생의 경우 자격이 주어진다. (3년 특례보다 합격이 조금 수월하다고 할 수 있다.)

2. 3년 특례 vs 12년 특례 비교

〈표 31〉 3년 특례 vs 12년 특례 비교

항목	3년 특례	12년 특례
거주 요건	최근 3년 연속 보호자와 함께 해외 거주	초등~고등 전 과정을 해외에서 이수
학력 요건	3년 이상 정규 교육기관 이수	12년 전 교육과정 이수 (초+중+고 모두)
입학 시기	보통 3월, 9월 중 택 1	대부분 9월 입학(일부 대학은 3월 포함)
모집 인원	제한적(일부 학과 소수 선발)	제한 없음(다수 학과 모집)
전형 요소	서류 중심 + 일부 면접	서류 중심 + 일부 면접
대표 대상자	장기 주재원 자녀, 국제학교 재학생 등	조기 유학자, 현지 초중고 전 과정을 이수한 학생
대표 대학 예시	고려대, 연세대, 성균관대, 한국외대, 서강대 등	고려대, 서강대, 경희대, 한국외대 등

3. 왜 이 구분이 중요한가?

지원자가 어떤 유형에 해당하는지를 판단하는 것은 매우 중요하다. - 일부 대학은 3년 특례만 모집하거나, - 반대로 12년 특례 전형만 운영하기도 하며, - 전형별 제출 서류도 완전히 다르기 때문이다.

또한, 두 전형 모두 정원 외 특별전형이기 때문에 지원 가능 횟수가 제한적일 수 있으며, 국내 고등학교 재학 여부, 입국 시점, 보호자 동반 여부 등에 따라 자격 여부가 엄격히 판별되기도 한다.

이와 같은 구분은 단순히 전형의 명칭을 넘어, 향후 어떤 대학에 지원할 수 있는지, 어떤 학과에 도전할 수 있는지에 대한 전략 수립과도 직결된다고 할 수 있다. 예를 들어, 3년 특례 자격으로는 일부 상위권 대학의 인기 학과에는 지원 자체가 불가능한 경우도 있다.

따라서 본인의 학력, 거주 이력, 보호자 동반 여부 등을 미리 점검하고 어떤 전형이 유리한지를 판단하는 것이 재외국민 전형 성공의 첫걸음이라고 할 수 있을 것이다. 더불어, 입학처에서 제공하는 공식 자료(모집요강, Q&A, 지원자격표 등)를 철저히 확인해 불이익이 없도록 준비하는 것이 필요하다.

Ⅱ. 주요 대학별 3년/12년 특례 전형 분석

이제 재외국민 전형의 큰 틀과 3년/12년 특례의 차이점을 이해했다면, 본격적으로 어떤 대학들이 어떤 방식으로 전형을 운영하는지 알아 보도록 하자. 지금부터는 연세대, 고려대, 서강대 등 주요 대학들을 중심으로 전형 유형, 제출 서류, 일정 등을 살펴 보기로 한다.

연세대, 고려대, 서강대, 성균관대, 경희대, 한국외대 등 주요 대학들의 전형 유형과 세부 일정, 제출 서류 등을 대학별로 구체적으로 살펴보겠다.

〈표 32〉 주요 대학별 3년 특례 전형 정리

대학	전형 유형	지원 자격	제출 서류	입학 시기	원서접수 시기
연세대	재외국민 특별전형 (3년 특례)	부모 중 1인 이상 해외 3년 이상 근무+학생 중·고교 중 3개 학년 이상 해외 이수	- 입학원서 - 출입국사실증명서 - 성적표 - 재학증명서 - 가족관계증명서 - 여권사본 등	9월 입학	3월 초
고려대	재외국민 특별전형 (3년 특례)	부모 해외 근무+학생 중·고교 중 3개 학년 이상 해외 이수	- 입학원서 - 출입국사실증명서 - 성적표 - 재학증명서 - 가족관계증명서 - 여권사본 등	9월 입학	3월 초
서강대	재외국민 특별전형 (3년 특례)	학생이 중·고교 중 최소 3년 이상 해외 이수	- 입학원서 - 출입국사실증명서 - 성적표 - 재학증명서 - 가족관계증명서 - 여권사본 등	9월 입학	3월 중순

대학	전형 유형	지원 자격	제출 서류	입학 시기	원서 접수 시기
성균관대	재외국민 특별전형 (3년 특례)	부모 해외 근무+학생 중·고교 중 3개 학년 이상 해외 이수	- 입학원서 - 출입국사실증명서 - 성적표 - 재학증명서 - 가족관계증명서 - 여권사본 등	9월 입학	3월 하순
경희대	재외국민 특별전형 (3년 특례)	부모 해외 근무+학생 중·고교 중 3개 학년 이상 해외 이수	- 입학원서 - 출입국사실증명서 - 성적표 - 재학증명서 - 가족관계증명서 - 여권사본 등	3월 입학	전년도 7월 초
한국외대	재외국민 특별전형 (3년 특례)	부모 해외 근무+학생 중·고교 중 3개 학년 이상 해외 이수	- 입학원서 - 출입국사실증명서 - 성적표 - 재학증명서 - 가족관계증명서 - 여권사본 등	3월 입학	전년도 7월 중

〈표 33〉 주요 대학별 12년 특례 전형 정리

대학	전형 유형	지원 자격	제출 서류	입학 시기	원서 접수 시기
연세대	재외국민 특별전형 (12년 특례)	초·중·고 전 과정을 해외에서 이수하고 고교 졸업(예정)자	- 입학원서 - 출입국사실증명서 - 성적표 - 재학증명서 - 가족관계증명서 - 여권사본 등	9월 입학	3월 초
고려대	재외국민 특별전형 (12년 특례)	초·중·고 전 과정을 해외에서 이수하고 고교 졸업(예정)자	- 입학원서 - 출입국사실증명서 - 성적표 - 재학증명서 - 가족관계증명서 - 여권사본 등	9월 입학	3월 초
서강대	재외국민 특별전형 (12년 특례)	초·중·고 전 과정을 해외에서 이수하고 고교 졸업(예정)자	- 입학원서 - 출입국사실증명서 - 성적표 - 재학증명서 - 가족관계증명서 - 여권사본 등	9월 입학	3월 중순

대학	전형 유형	지원 자격	제출 서류	입학 시기	원서 접수 시기
성균관대	재외국민 특별전형 (12년 특례)	초·중·고 전 과정을 해외에서 이수하고 고교 졸업(예정)자	- 입학원서 - 출입국사실증명서 - 성적표 - 재학증명서 - 가족관계증명서 - 여권사본 등	9월 입학	3월 하순
경희대	재외국민 특별전형 (12년 특례)	초·중·고 전 과정을 해외에서 이수하고 고교 졸업(예정)자	- 입학원서 - 출입국사실증명서 - 성적표 - 재학증명서 - 가족관계증명서 - 여권사본 등	3월 입학	전년도 7월 초
한국외대	재외국민 특별전형 (12년 특례)	초·중·고 전 과정을 해외에서 이수하고 고교 졸업(예정)자	- 입학원서 - 출입국사실증명서 - 성적표 - 재학증명서 - 가족관계증명서 - 여권사본 등	3월 입학	전년도 7월 중

주요 대학들의 전형 방식과 준비 요소들을 살펴보았다. 아래에서는 실제로 학부모님들께 가장 많이 받는 질문들을 바탕으로 재외국민 전형 FAQ와 실질적인 합격 전략을 정리 해 본다.

Ⅲ. 재외국민 전형 FAQ 및 합격 전략

1. 자주 묻는 질문(FAQ)

Q1. 3년 특례와 12년 특례는 중복 지원이 가능한가요?

: 불가능합니다. 하나의 유형에만 해당되어야 하며, 각 대학은 제출 서류를 통해 지원 자격 요건을 엄격히 심사합니다.

Q2. 재외국민 전형은 정원 외 전형인가요?

: 네. 대부분의 대학에서 재외국민 전형은 정원 외 전형으로 운영되며, 학과별로 선발 인원이 제한되어 있습니다.

Q3. 모든 대학이 3년/12년 특례를 모두 운영하나요?

: 대부분의 주요 대학은 두 전형을 모두 운영하지만, 일부 대학은 특정 전형(예: 12년 특례)만 운영하기도 합니다. 반드시 각 대학 모집요강을 확인해야 합니다.

Q4. 외국 소재 국제학교 졸업생도 지원이 가능한가요?

: 네. 국제학교 재학 및 졸업도 인정되나, 해당 학교가 정규 교육기관으로 인정받는지 여부와 학생의 국적, 보호자의 동반 여부 등을 고려하여 심사됩니다.

Q5. 국내 고등학교 재학 중인데 재외국민 전형으로 지원 가능한가요?

: 일반적으로 불가능합니다. 대부분의 대학은 최근 학력이 해외 교육기관이어야 자격 요건을 충족한다고 명시하고 있습니다.

2. 재외국민 전형 합격 전략

1) 지원 자격 철저히 검토하기

자격 요건이 까다로운 전형이므로, 출입국 기록, 학력 인정, 보호자 요건 등을 입학처 모집요강 기준에 맞춰 확인해야 한다.

2) 서류 완성도 높이기

성적표와 재학증명서는 원본과 공증 번역본을 모두 요구하는 대학이 많다. 제출 전 서류 누락 여부, 번역 일관성 등을 체크해야 한다.

3) 학교별 전형 포인트 파악하기

어떤 학교는 학업계획서를 강조하고, 어떤 학교는 면접을 반영하므로 대학별 전형 요소를 정확히 분석해 대비해야 한다.

4) 학생 개인 배경과 전공 적합성 강조

에세이/자기소개서 작성 시 단순히 해외 체류 경험을 나열하기보다, 전공과 연계된 배경 설명 및 학업 역량을 드러내는 것이 중요하다.

5) 경쟁률 고려한 전략적 지원

인기 학과는 매우 높은 경쟁률을 보이므로, 목표 대학 외에도 실질적인 합격 가능성을 고려한 대학군도 함께 지원 전략에 포함시키는 것이 바람직하다.

전략은 세웠고, 방향은 잡았는데…'이게 정말 효과가 있었던 전략일까?' 하고 망설여진다면 실제 합격자들이 어떤 방식으로 준비했는지 보는 게 가장 큰 도움이 될 것이다. 지금부터는 학생, 학부모들은 아래 실제 합격 사례를 통해 전략을 세워 보기를 바란다.

Ⅳ. 실제 합격 사례

합격 사례 1) 연세대학교 12년 특례 – 경영학과

- 지원자 배경: 미국 뉴욕 소재 국제학교 졸업, IB Diploma 취득(예: 43점)
- 전형 유형: 12년 특례(초·중·고 전 교육과정 해외 이수자)
- 전형 방식: 서류 100% 평가
- 합격 포인트
    - 자기소개서에서 경영학에 대한 관심과 관련 활동을 구체적으로 서술
    - 경제 동아리 활동, 모의 유엔(MUN) 참가 등
    - 고교 내신 우수, IB 고득점
- 참고사항: 연세대는 2025학년도부터 자기소개서가 필수 제출 서류로 변경됨

합격 사례 2) 고려대학교 3년 특례 – 통계학과

- 지원자 배경: 중국 상하이 소재 국제학교 재학, 부모 해외 근무 3년 이상
- 전형 유형: 3년 특례(중·고교 과정 중 3개 학년 이상 해외 이수자)
- 전형 방식: 서류 100% 평가
- 합격 포인트
    - 자기소개서에서 통계학 관심과 프로젝트 경험 강조
    - 수학 경시대회 참가, 통계 동아리 활동
    - 수학 및 과학 과목 성적 우수
- 참고사항: 고려대는 학업 계획서, 자기소개서, 추천서 등을 종합적으로 평가함

합격 사례 3) 서강대학교 12년 특례 – 컴퓨터공학과
- 지원자 배경: 싱가포르 소재 국제학교 졸업, AP 과목 이수
- 전형 유형: 12년 특례(초·중·고 전 교육과정 해외 이수자)
- 전형 방식: 서류 100% 평가
- 합격 포인트
    - 컴퓨터공학에 대한 열정과 프로젝트 경험 강조
    - 코딩 동아리 활동, 해커톤 참가 등
    - AP Computer Science A 고득점

합격 사례 4) 성균관 대학교 3년 특례 – 글로벌 경영학과
- 지원자 배경: 한국 국제학교 12학년 재학중 지원, 아버지 미국 주재원 시절 미국에서 5년간 유학.
- 전형 유형: 3년 특례(중·고교 과정 중 3개 학년 이상 해외 이수자)
- 전형 방식: 서류 100% 평가
- 합격 포인트
    - IB HL 다수 이수
    - SAT 1520점 득점

다양한 사례를 통해 재외국민 전형의 실전 감각을 익혔다면, 이제는 학생에게 맞는 전략을 세워야 할 것이다. 마지막 장에서는 그동안의 핵심 내용을 정리하면서 막막한 입시 준비에 도움이 되도록 전형의 핵심을 요약해 보겠다.

1. 재외국민 전형 핵심 요약

- 재외국민 전형은 크게 3년 특례와 12년 특례로 구분되며, 각 전형마다 자격 요건과 제출 서류가 상이하다.
- 대부분의 대학은 정원 외 전형으로 선발하며, 입학 시기는 보통 3월 또는 9월.
- 3년 특례는 보호자 동반 해외 거주 및 중·고교 이수가 핵심 요건이며, 12년 특례는 초·중·고 전 교육과정을 모두 해외에서 이수해야 한다.
- 학교별로 요구하는 서류와 전형 방식(서류 평가, 면접 포함 여부 등)이 다르므로 반드시 각 대학의 모집요강을 참고해야 한다.
- 자기소개서, 학업계획서, 추천서 등 정성적 요소가 합격에 큰 영향을 미치므로 내용 구성과 작성 전략이 매우 중요하다.

재외국민 전형, 어디서부터 시작해야 할까?

이 책을 통해 재외국민 전형의 개념과 구조, 그리고 각 대학의 전형 방식까지 이해했다면, 이제는 본인의 학력과 이력을 토대로 지원 전략을 구체화할 차례이다. 하지만 실제 입시 현장에서는 '자격 조건 판별'부터 '서류 준비', '학교별 요강 해석'까지 준비하기엔 까다로운 부분이 많다.

그러므로 지원에 앞서 구체적이고 정확한 계획을 반드시 세우도록 하라.

지금부터는 부록으로, 주요 대학 외에 전략적으로 고려할 수 있는 대학들을 간단히 정리 해 보겠다.

부록

1. 기타 인기 대학 요약 정리

아래는 주요 6개 대학 외에 재외국민 특별전형을 운영하는 대표적인 대학들인 한양대학교, 중앙대학교, 이화여자대학교의 전형 방식, 제출 서류, 면접 및 고사 여부, 특이사항 등을 요약한 표이다. 각 대학의 공식 모집요강을 기반으로 정리하였으며, 지원 전 반드시 최신 정보를 대학 입학처 홈페이지에서 다시 한번 더 확인하여야 한다. 우리 나라 대학의 경우는 매해 전형이 변경되기도 하며, 여러가지 조건이 변경되기도 하고, 시험이 추가되기도 하므로 지원 해당년도의 각 대학 입학처의 홈페이지에서 입학전형을 다시 확인하도록 하여야 한다.

대학	전형 방식	제출 서류	면접	고사	특이사항
한양대	학생부교과 (추천형), 학생부종합 (서류형/면접형)	- 성적표 - 출입국사실증명서 - 재학증명서 - 자기소개서 등	O	X	공과대학 계열 지원자 비율 높음
중앙대	학생부종합 (CAU탐구형 인재전형)	- 학업계획서 - 추천서 - 성적표 - 출입국사실증명서 등	△ (일부 전형)	X	예체능 학과 지원자 증가 추세
이화여대	학생부종합 (미래인재전형), 논술전형	- 자기소개서 - 성적증명서 - 출입국사실증명서 등	O	O (논술 전형)	여성 대상, 일부 전형에서 논술 실시

2. 중위권 학생들을 위한 지원 가능 대학 리스트

성적이 다소 낮거나 경쟁력이 부족하다고 판단되는 학생들도 재외국민 전형을 통해 충분히 지원 가능한 대학들이 있다. 아래 대학들은 비교적 경쟁률이 낮거나 서류 평가 위주의 전형을 운영하며, 면접과 고사 없이 서류

만으로도 평가가 이루어지는 곳이 많아 전략적으로 접근 조금 더 쉽다고 볼 수 있다. 단, 모집 단위별 세부 조건은 다를 수 있으므로 대학 홈페이지에서 반드시 최신 모집요강을 확인하여야 한다.

지금까지 재외 국민 전형의 일부 정보를 알아 보았다. 한국 대학 재외 국민 수시의 전형에 대한 간단한 정리라고 생각해 주길 바란다.

지금까지 미국대학합격 전략, 장학금 신청, 한국 재외국민 수시를 정리해 보았다.

학생들이 어떤 대학으로 지원할지는, 여러가지 상황을 잘 고려하고, 앞으로의 꿈과 진로를 생각하여 신중하게 결정하여야 한다. 필자는 이 정보들이 여러분의 성공적인 입시에 많은 도움이 되길 진심으로 바란다.

대학	전형 방식	제출 서류	면접	고사	특이사항
인천대	서류 위주 평가	- 성적표 - 출입국사실증명서 - 재학증명서 등	X	X	수도권 위치, 다양한 학과 구성
가천대	서류 위주 평가	- 성적표 - 자기소개서 - 출입국사실증명서 등	X	X	의학계열 제외, 전공 다양
명지대	서류 위주 평가	- 성적표 - 학업계획서 - 출입국사실증명서 등	X	X	예체능 계열 강세, 일부 실기 전형 병행
세종대	서류 위주 평가	- 성적표 - 자기소개서 - 출입국사실증명서 등	X	X	IT 및 공학계열 인기, 면접 없음
광운대	서류 위주 평가	- 성적표 - 출입국사실증명서 등	X	X	이공계열 특화, 면접 미실시
서울과기대	서류 위주 평가	- 성적표 - 출입국사실증명서 등	X	X	국립대지만 경쟁률 낮은 편

미국대학 입시,
어디서부터 어떻게?

'지원부터 장학금까지, 실전 컨설턴트의 유학 전략 노트'

초판 1쇄 인쇄 | 2025년 7월 24일
초판 1쇄 발행 | 2025년 7월 31일

지은이 | 윤혜진
발행처 | 종이와나무
출판신고 | 제2015-000158호
주소 | 경기도 파주시 회동길 445-1 경인빌딩 A동 302호
전화 | 031-955-9202   팩스 | 031-955-9310
홈페이지 | http://www.kyunginp.co.kr
이메일 | anpranpr@naver.com

ISBN 979-11-88293-30-8 03370

* 이 책은 저작권법에 의해 보호받는 저작물이므로 내용의 일부를 인용하거나 발췌하는 것을 금합니다.
* 파본 및 훼손된 책은 구입하신 서점에서 교환해 드립니다.